농촌여성 노인의
배우자 사별
적응과정

농촌여성 노인의
배우자 사별
적응과정

장희선 지음

KSI 한국학술정보(주)

들어가는 말

    사별은 가족 생활사건 중 가장 스트레스가 큰 사건이다. 특히 노년기에 경험하게 되는 생활사건은 배우자 사별이다. 2010년 여성 사망률 44.2%, 남성 사망률 60.3%를 통해서 알 수 있듯이 여성 배우자는 남성 배우자보다 수명이 길며 독신으로 살아가야 하는 기간이 길다. 따라서 여성 노인에게 사별은 생활사건이며 자연스러운 현상이다. 그러나 현대사회는 부부 중심 단위로 이루어졌기 때문에 여성 배우자에게 사별을 자연스러운 생활사건으로만 보기에는 일생일대의 커다란 사건이고, 가장 오랫동안 함께했던 사랑하는 사람의 죽음이기에 노인에게는 심각한 충격이고 스트레스가 된다. 특히 사별로 인한 고통이 매우 극심하여 그 기간이 수년간 지속될 수도 있으며 이는 다른 질병을 수반하게 된다. 특히 여성이 배우자를 상실한 경우에는 어떤 경우의 상실보다도 경제적 문제, 정서적 문제, 건강 상태 문제 등 많은 문제를 초래하기 때문에 사회적인 관심이 필요하다.

    따라서 본 연구에서는 근거 이론적 접근을 통하여 농촌지역에 살고 있는 여성 노인의 사별 적응을 살펴보고 확인하여 그에 대한 실체 이론을 개발하고자 하였다.

    연구의 참여자는 농촌노인의 배우자와 사별한 여성으로, 배우자 상실 후 단독거주자로서 홀로 살고 있으며, 배우자와 사별한 지 12개월 미만이 되는 14명이었다. 수집기간은 2010년 1월부터 8개월간의 기간이 소요되었고, 인터뷰는 1회기당 40~90분까지 소요되었으며 현장메모를 동시에 기록하였고 녹음된 내용은 본 연구자가 직접 필사하였다. 연구자료는 심층면담과 참여관찰 및 참여자를 돌보는 지역사회 담당간호사의 도움을 받아 수집하였다. 수집된 자료는 Strauss & Corbin(1998)의 근거이론 방법을 적용하여 분석하였다.

연구결과 개방코딩 과정에서 80개의 개념과 28개의 하위범주, 12개의 범주가 도출되었으며, 배우자 사별 적응과정은 '울타리가 무너져 내림'의 인과적 조건과 '살아생전 부부의 금실 정도', '살아생전 부부의 주도권'의 맥락적 조건에 영향을 받아 나타나는 '홀로 여생을 감당해 나감'의 중심현상에 대한 '지원체계', '건강 상태가 달라짐', '경제상황 정도'의 중재적 조건에 영향을 받으면서 '상황 끌어안기', '생활의 변화를 시도함'의 전략을 사용하여 '홀로 살아갈 길을 찾음'의 과정인 것으로 나타났다. 시간의 흐름에 따른 적응과정은 충격과 감정분출단계, 그리움과 원망단계, 체념과 수용단계, 삶의 재구성단계의 4단계로 나타났다.

첫 번째인 '충격과 감정분출' 단계에서 참여자들은 배우자의 예측하지 못했던 사망 충격을 경험하면서 새로운 감정을 경험하게 되는데 이들 참여자가 겪는 감정의 경험은 일반적이고 정상적인 슬픔의 단계이다.

두 번째는 '그리움과 원망' 단계인데 참여자들은 남편의 빈자리를 실감하며 남편의 평상시 역할에 따라서 죽은 남편을 그리워하거나 원망하기도 한다. 그러나 한평생을 살아온 남편에 대한 미운 정 고운 정으로 남편과 지내온 세월을 그리워하는 단계이다.

세 번째는 '체념과 수용' 단계이다. 이 시기에 참여자들은 자신의 처한 상태를 돌아보기 시작하면서 자신의 형편에 맞게 현실에 맞도록 상황을 끌어안으려고 노력한다. 애써 감정을 추스르면서 밝게 행동하려고 하기도 하고 다른 사람에게 피해를 주지 않으려고 노력하기도 하는 단계이다.

네 번째는 '삶의 재구성' 단계이다. 이 시기의 참여자들은 끝없는 막막함을 운명으로 받아들이면서 자신의 삶을 현실로 인정하고 주도적으로 살게 되면서 자신의 삶을 재구성하는 단계이다. 그러나 모든 참여자가 순조롭게 자신의 삶을 재구성하는 것은 아니었다.

'홀로 살아갈 길을 찾음'의 유형은 운명적 수용형, 현실 적응형, 미래 설계형의 세 가지 유형으로 나타났다.

　운명적 수용형은 홀로 여생을 감당해 나감의 동기가 소극적이며 살아생전의 부부의 금실 정도가 나빴다. 살아생전 부부의 주도권은 남편 위주의 생활로 이루어졌다. 이들은 상황 끌어안기나 생활의 변화를 시도함에 일시적인 상호작용 전략을 사용하였으며 전략의 정도는 소극적이었다. 이들 참여자는 홀로 살아갈 길을 찾음의 동기수준이 낮고 행동수준이 낮으므로 이들은 자신의 처해진 상황을 운명적으로 받아들이고 살아가게 된다.

　현실 적응형은 홀로 여생을 감당해 나감의 동기가 보통 수준이며 살아생전의 부부의 금실 정도, 살아생전 부부의 주도권이 보통 수준이었다. 이들은 상황 끌어안기나 생활의 변화를 시도하기 위한 전략을 사용하는 정도와 연속성이 중간 수준이었다. 이들 참여자는 홀로 살아갈 길을 찾음의 동기수준과 행동수준이 중간 정도를 유지하는 상호작용 전략을 사용하여 현실을 직시하며 일상으로 빠르게 복귀하여 살아가게 된다.

미래 설계형은 홀로 여생을 감당해 나감의 동기가 적극적이며 살아생전의 부부의 금실 정도가 좋았다. 살아생전 부부의 주도권은 아내 위주의 생활이었다. 이들은 상황 끌어안기나 생활의 변화를 시도함을 위한 전략의 사용을 끊임없이 지속적으로 사용하였고 적극적이었다. 이들 참여자는 홀로 살아갈 길을 찾음의 동기수준이 높고 행동수준 또한 높아서 자신의 미래를 적극적으로 설계하면서 살아가게 된다.

이상의 결과는 농촌여성 노인의 배우자를 사별하고 살아가야 하는 참여자들이 여러 맥락요인의 영향을 조절하면서 중재전략을 적정하게 사용하여 삶에 적응할 수 있도록 하는 '홀로 살아갈 길을 찾음'의 과정 및 유형에 노인 복지중재의 방향을 제시하고 실질적인 실천적 복지중재를 개발하고 적응하는 데 기초 자료를 제공하였다.

장희선 씀

차례

I

서론

1. 연구의 필요성

　노년기에 가장 널리 경험하게 되는 생활사건은 배우자 사별이다. 통계에 따르면, 2005년 전체인구 중 65세 이상의 남성 노인 인구비율이 39.7%, 여성 노인이 60.3%를 차지하였다. 이는 여성 노인이 남성 노인보다 수명이 길다는 것을 의미한다. 또한 2009년 통계청에 의하면 65세 이상의 사망자가 68.8%로 전체 사망자의 대부분을 노인이 차지한다. 특히 65세 이상의 여성 사망률은 44.2%, 남성 사망률은 55.8%로(통계청, 2010) 여성 노인이 배우자 사별 후 홀로 살게 될 가능성이 더 많다는 것을 의미한다. 이렇듯 특히 여성 노인에게 사별은 생활사건 중의 하나이며 자연스러운 현상 중 하나로 볼 수 있다.

　그러나 노년기 배우자의 사별은 가장 오랫동안 곁에서 함께했던 사랑하는 사람의 죽음이기에 노인에게 있어서 심각한 스트레스로 작용하며 이에 따라 상당한 충격과 새로운 삶을 준비해야 하는 하나의 도전을 야기한다(Gilbar & Ben-Zur, 2002; Lieberman & Peskin, 1992). 또한 노년기 배우자 사별은 오랜 세월 동안 수행해 온 역할을 조정해야 할 뿐 아니라 독신생활에도 적응을 해야 하는 사건이다. 따라서 노년기의 배우자 사별은 애착의 대상인 사랑스러운 인생의 동반자를 잃어버린 그 이상의 의미가 있다고 할 수 있다(Lopata, 1996). 특히 오늘날과 같은 부부중심 사회에서는 대부분의 사회생활이 부부단위의 참여 중심으로 조직화되어 있어서 여성에게 배우자 사별을 자연스러운 생활사건의 하나로만 보기에는 일생일대의 커다란 사건이 되며, 가장 큰 스트레스 원인이 되고 남편의 상실과 함께 사회적 정체감의 상실, 수입 감소, 경제사회적 위기를 경험하게 된다(구자순, 1982).

이렇듯 사별이란 관계를 맺어 오던 사람과 죽음으로 이별을 하는 것을 의미하는 것이며, 남은 사람에게는 홀로 되는 외로움과 슬픔을 경험하게 되는 '남아 있는 자의 사건'이라고 말할 수 있다(Parkes, 1998). 사별로 인한 슬픔 강도는 누구를 사별하는지에 대해 다르지만 결혼 후 삶의 희로애락을 나누며 다져 온 배우자와의 관계가 단절되는 배우자 사별로 인한 고통은 매우 극심하여 그 슬픔이 수년간 지속될 수 있다(Weiss, 1988). 특히 여성이 배우자를 상실한 경우에는 다른 어떤 경우의 상실보다 더 많은 문제점들이 초래될 수 있기 때문에 사회적인 관심이 초래된다. 남성은 사별을 '분리'로 생각하는 반면, 여성들은 '자포자기'의 느낌을 나타내는 경향이 있어 자신들의 감정적인 반응을 다루는 데 많은 도움을 필요로 한다(Stroebe & Stroebe, 1987). 따라서 본 연구에서는 여성 노인의 사별 적응에 관심을 가졌다.

배우자 사별은 신체적, 사회적, 정신적 건강에 해로운 결과를 가져올 수 있다(Parkes, 1998; Ott & Lueger, 2002; Kissane, 2004). 신체적으로는 면역반응체계가 손상될 수 있고, 내분비계의 변화가 초래되고(Kato & Mann, 1999; Stroebe et al., 2004), 정신적으로는 우울과 스트레스를 경험하며(Parkes. 1997, Zisook et al., 1997), 자아존중감도 감소된다(Carr et al., 2000, Quandt et al., 2000). 또한 사회적으로는 경제적인 문제, 자아 정체성의 상실, 성생활, 친구 및 사회적인 역할상대의 상실 등으로 새로운 가치관을 정립하고, 변화된 인간관계 및 생활양식에 적응해야 하는 어려움이 있다(강인, 1998; Gilbar & Ben-Zur, 2002). 이렇듯 배우자 상실은 개인의 내적, 외적 차원의 도전과 변화를 노년기의 어떤 문제보다 더 크게 요구받게 된다. 이러한 요구에 적응하지 못할 때 이차적인 삶의 문제들을 발생시키게 된다(손의성, 2006).

이처럼 배우자의 사별이 남은 자, 즉 사별 노인 및 가족들에게 심각한 영향을 미칠 수 있기 때문에 사별 적응을 위한 지원서비스가 필수적이라고 할 수 있지만, 국내에서는 아직 사별가족의 적응을 위한 지원서비스가 제대로 제공되고 있지 못하고 있다. 미국의 경우에는 미국은퇴자협회(American Association of Retired Persons: AARP)의 사별자 서비스(Widowed Persons Service) 분과에서 사별 노인의 적응을 위한 심리 사회적 지원, 자조집단 등 다양한 지원서비스와 정보를 제공하고 있다. 그러나 국내의 경우 현재 재가복지서비스 등을 통해 질병이나 장애로 거동이 불편한 노인 당사자를 대상으로 한 지원은 어느 정도 제공되고 있으나, 호스피스 측에서 배우자 사별자에 대한 모임은 원활하게 이루어지지 않고 있으며, 배우자를 사별한 노인의 적응에 대한 사회 복지적 개입이 제대로 이루어지지 못하고 있는 실정이다. 따라서 노년기 여성 배우자의 적응과정을 살펴보고, 사별 후 겪는 부적응이나 어려움을 극복할 수 있는 방안을 모색하는 일은 사별 노인의 홀로서기의 성공적 삶의 적응을 위해서 매우 필요한 일이라고 할 것이다. 따라서 본 연구에서는 배우자와 사별한 농촌여성 노인을 대상으로 사별 적응과정에 관심을 두었다.

그간 배우자 사별과 관련된 선행연구를 살펴보면, 강인 등(1998)과 최희정(1997)은 중년여성의 사별 스트레스에 대한 대처에 영향을 미치는 요인을 연구했으며, 김선영(1990)은 사별한 여성들의 소득 수준, 사회적 지지, 대처 행동들의 요인과 적응 정도의 관계를 다룬 연구를 하였다. 배동석(1991)은 사별 위기의 목회상담에 대한 연구와 사별과정과 유족에 대한 목회상담연구를 하였으며, 신은주(2001)는 빈곤한 사별 여성들의 자립 지원 방안에 대한 연구가 있었다. 또한 배우자와 사별한 사람들을 대상으로 한 질적 연구도 몇 편 발표되었다. 먼저 한혜신(1996)은 심층면담을 통하여 사별 노인의 삶에 대한 방안으로서 재혼에 대한 노인들의 입장을 연구하였으며, 김상희(2004)는 여성의 배우자 사별 체험을 현상학적 관점으로 질적 연구를 하였다. 정연강(1998)은 미망인들의 사별경험을 현상학적 접근방법으로 수행하였고, 양복순(2002)은 중년여성의 배우자 사별경험에 관한 연구를 근거이론 방법론으로 연구하였다. 이렇듯 국내연구에서 배우자 사별 적응에 관한 양적 연구와 질적 연구가 있으나, 사별한 노인을 대상으로 한 연구로 손의성(2006)의 연구가 있으나 다양하게 연구가 이루어지지 않았다. 이는 노년기의 사별을 일상적인 생활사건의 하나로 보기 때문에 이들 집단에 대한 관심이 부족했음을 보여 주는 것이다. 그런데 손의성(2006)의 연구는 양적 조사를 통한 연구로서 배우자와 사별한 여성 노인의 적응과정을 면밀하게 보여 주지는 못하였다.

따라서 본 연구에서는 배우자와 사별한 여성 노인을 대상으로 심층면접을 통한 질적 연구를 통해 여성 노인이 배우자와 사별한 후의 적응과정을 살펴보고자 한다. 이처럼 질적 연구를 하고자 하는 것은 다음 몇 가지의 이유에서이다. 첫째, 사별에 관한 연구는 다양한 방법론의 적용이 요구된다. 노년기 배우자 사별여성을 대상으로 연구된 질적연구의 다양성을 필요로 한다. 특히 양적 연구에서는 밝히기 어려운 부분인 다각적인 사별 적응 영향요인이나 사별 적응과정을 밝혀내는 데 한계가 있다. 둘째, 배우자 사별 후 적응 유형에 따라서 사별 적응은 각기 다른 방식을 취할 것이다. 따라서 여성 노인 배우자 사별 적응을 중재하기 위해서는 총체적인 접근보다는 배우자 각각의 개별적인 접근을 시도해야 할 것이다. 따라서 배우자 사별 후 적응과정을 면밀히 살펴보기 위해서는 심층면접을 통한 질적 연구가 필요하다. 셋째, 노년기 사별을 생활사건으로만 보며 아직도 죽음에 대해 자유롭지 않은 문화적 현실과 어려움을 극복하기 위하여 개인적이며 접근을 통한 죽음에 대해 보다 자유롭게 구상할 수 있도록 관계를 형성하고 지극히 개인적이며 사적인 경험을 심도 있게 나눌 수 있는 질적 접근이 노년기 사별 질적 연구에 적합하다.

또한 본 연구에서는 질적 연구방법 중에서 근거이론 방법으로 연구하고자 한다. 근거이론은 참여자가 자신의 생각을 어떻게 인지하는지보다 참여자가 경험을 어떻게 만들어 가고 반응하는가에 더 관심을 갖는다(Morse, 2004; 신수진, 2006 재인용). 정체된 한순간이 아닌 변화하는 데 초점을 두며, 참여자들이 배우자를 사별한 경험을 그들 특유의 개별성을 통해 그 경험과 관련된 사회 심리적 맥락에서 다룸으로써 개개인의 경험을 근거로 하는 근거이론 방법을 적용하고자 한다. 또한 대부분의 질적 연구의 최종목표가 이론 개발이지만 근거이론은 이론 구축을 위한 실제적인 과정이 단계마다 구체적으로 개념화되어 있으며 핵심범주를 다루는 과정에서 시간별, 단계별로 중심맥락을 잃지 않고 이론의 초점이 되는 이론의 특징적인 구조를 지니고 있다. 이에 본 연구에서는 근거이론 방법을 사용하여 농촌여성 노인의 사별경험을 이론적 민감성, 이론적 표본 추출, 지속적 비교분석, 자료의 코딩과 범주화, 이론의 통합에 충실하고자 한다.

2. 연구의 목적

본 연구는 농촌여성 노인의 배우자 사별 후 적응과정이 어떠한지에 관해 포괄적이고 총체적인 시각에서 이해하고 설명할 수 있도록 근거이론 방법을 이용하여 실체이론을 개발하는 데 목적이 있다. 또한 궁극적으로는 배우자 사별 여성 노인의 특성에 적합한 사별 관리전략 및 노인복지의 효과적인 실천방안을 제시하는 것을 목적으로 한다.

이 연구의 문제는 '농촌여성 노인의 배우자 사별 후 적응과정은 어떠한가?'로 다음과 같은 하위 연구문제를 갖는다.

첫째, 농촌여성 노인의 배우자 사별 적응과정에 나타나는 중심현상은 무엇인가?

둘째, 농촌여성 노인의 배우자 사별 적응과정의 중심현상은 어떠한 조건의 영향을 받는가?

셋째, 중심현상에 대처하기 위해서는 어떠한 작용/상호작용 전략을 나타내는가?

넷째, 작용/상호작용 전략을 적용한 결과는 무엇인가?

II

이론적 배경

1. 배우자 사별

사별은 가족이나 친구의 죽음을 경험하고 그로 인해 사랑하는 사람의 죽음 후에도 삶에 적응하며 살아가는 경험과정을 포함하는 포괄적인 개념(Christ & Bonano & Milkinson & Rubin, 2003)으로서 의미 있는 타인(significant others)의 죽음으로 인해 경험하게 되는 내적·외적인 변화, 내적인 정신 심리적 과정, 슬픔의 표현과 경험, 사별로부터의 적응을 모두 포함한다. 이렇듯 죽음을 통하여 가까운 이를 상실한 상태(Cooley, 1992), 죽음을 통한 상실을 견디는 결과로 생기는 주관적 상태가 사별인 것이다(손수경, 2004). 보통 사별 슬픔은 상실에 대한 반응이고 사별은 특히 상실 후 살아남은 생존자가 슬픔을 경험할 때 죽은 뒤에 뒤따르는 기간과 관련되어 사용된다(Murray, 2003).

사별은 한 인간의 생애에서 심리 사회적 전환이며, 인간의 가설적인 세계(assumptive world)를 도전하고 변화시키는 전환으로 보았다. 사랑하는 사람이 죽을 때, 사별인은 새로운 일상생활에 적합한 새로운 가설들(assumptions)을 개발하는 것이 필요하며 내면세계는 '밖에서(out there)' 잃은 것이 무엇인지를 내적으로 발견함으로써 다시 정립되어야한다(Parkes, 1986). 이러한 사별에 관한 연구는 1917년 프로이드의 『Mournig and Melancholia』가 출판되면서 사별이론의 역사가 시작되어 그 후 Lindemann이나 Parker 등이 체계적으로 개인의 슬픔 증상 기간과 슬픔 반응에 관심을 둔 연구와 저술을 발표하였다. 이후에 Erich Lindemann 은 1944년에 슬픔에 대한 다섯 가지 증상으로 신체적 장애(somatic disturbance), 고인에 대한 몰두(preoccupation with the image of the deceased), 죄책감(guilt), 적대감(hostility), 혼란된 행동(disorganized behaviour)을 기초로 하여 슬픔의 임상적 과정을 기술하였다.

현대사회는 핵가족 형태가 지배적이어서 자녀들과 별거하는 경우가 대부분이므로 부모의 사별의 고통을 자녀들이 세세하게 헤아리지 못해 사별 노인의 욕구를 채우지 못하는 경우가 많다(Lopata, 1996). 노인에게 동반자를 잃는다는 것은 실제로 생활의 모든 측면에 영향을 미친다. 배우자 없이 홀로되는 것은 여가활동의 동반자를 잃는 것이고, 성적인 상대를 잃는 것이고, 위험으로부터 보호를 제공하는 사람을 상실하는 것이고, 친구와 동반자를 잃는 것이고, 한 사람의 자긍심을 키워 주도록 기운을 북돋워 주는 상대역을 상실한 것을 의미한다고 한다(Parkers, 1993).

한국인의 배우자 사별에 따른 슬픔 개념을 질적으로 연구한 이미라(2005)는 크게 세 가지 차원에서 제시하고 있다. 첫 번째 차원은 자기 자신과 관련된 내면적 슬픔으로서 신체로 표현되는 고통, 인지능력 저하, 다음의 슬픔, 새로운 삶에 대한 기대와 갈등 등이다. 두 번째 차원은 가족, 타인과 관련된 관계적 슬픔으로서 사회적 낙인, 유가족 간의 사랑과 갈등, 이웃 사랑 등이다. 세 번째 차원은 존재 의미와 관련된 실존적 슬픔으로서의 삶의 의미 상실, 절대자에 대한 원망, 고통과 존재 의미의 추구, 새로운 정체성 확립 등이다.

2. 배우자 사별 적응과정

1) 배우자 사별 적응

배우자를 잃음에 대한 적응은 상당한 개인차가 있다. 어떤 노인들은 그들의 관계가 끝에 이르렀다고 생각하고 그러한 종말을 기꺼이 받아들이는 반면, 다른 사람은 지나간 각각의 활동, 개인적인 관계, 성취 등을 음미하며 열정적으로 지나온 인생에 집착하기도 한다(Kalish, 1987). 이렇듯이 배우자 사별에 대한 반응은 개인적 상황에 따라 다양하게 나타나며 심리적 복지감에 영향을 미치는 것으로 보인다. 따라서 본 연구에서는 사별에 대한 어떠한 적응과정의 현상들이 나타나는지에 대해 관심을 가졌다.

배우자 사별은 하나의 위기적 사건이며 스트레스를 유발시키는 영향 요인이지만 그에 대한 적응은 개인에 따라 다양하다. 즉, 어떤 노인들은 배우자 상실에 대해 보다 빠른 시기에 적응하지만, 다른 노인들은 배우자 사별로 심각한 신체적·정서적 외상을 가져올 뿐 아니라 그 충격으로 인하여 슬픔이 장기화되고 더 오랜 기간에 걸쳐 어려움을 경험하는 것으로 나타난다(Bass 등, 1990; Caserta 등, 1993). 이렇듯이 사별은 대부분의 노인에게 있어서 예상이 된 것이든 아니든 간에 정신적으로나 신체적으로 곤혹스럽게 하며 오래 지속된 애정적

유대관계가 깨어지는 것이다(Raphael, 1988).

배우자 사별로 인한 다양한 증상 중에서 보편적이면서도 견디기 힘든 어려움은 외로움이다(김선영, 1990; Atchley, 1994). 이것은 여성들이 전통적으로 수동적 태도를 취하도록 사회화되어 사회에서의 새로운 역할과 친분관계의 형성이 부족한 경향이 있기 때문이다. 비록 사별 직후에 느끼는 정서적 충격 상태는 시간이 지날수록 감소하지만 외로움, 공허감은 사별 후 몇 년이 지난 후에도 가장 일반적으로 경험하는 어려움으로 나타나고 있다.

또한 사별을 한 사람들은 심리적·정서적으로 충격, 슬픔, 자책, 불안, 갈망, 감정의 마비, 부인, 분노, 죄책감, 혼란, 우울 등 다양한 감정을 경험한다. 또한 무엇을 어떻게 해야 할지 모르는 혼란스러운 상태가 계속되기도 한다. 이러한 상실의 고통은 너무나 커서 즉각적으로 감지되지 않을 수도 있고 순식간에 여러 가지 감정 상태를 오가는 감정적 격변 상태를 겪게 될 수도 있다. 때때로 사람들은 자신이 미쳐가고 있다고 느끼기도 한다(김기태, 1998). 또한 사별 뒤에는 세상이 바뀐 것 같은 심리 사회적 변화가 따르기도 한다(Dunlop & Hockley, 1990). 사별을 경험한 이들 중 상당수가 사별 후 오랜 기간이 지나도 슬픔에서 벗어나지 못하고 있다. Lindemann(1994)은 예측된 정상적인 슬픔의 기간을 6~8주에서 2년 또는 그 이상이 될 수 있다고 하였으며, Riches와 Dawson(2000), Mok(2003)는 사별한 지 1년 이내 기간은 사별가족에게는 큰 충격과 슬픔에 휩싸이는 시기로 사별가족의 슬픔의 양상과 기간 및 적응 양상이 매우 다양하다고 하였다. 또한 Zisook과 Shuchter(1991)는 사별가족의 13%가 4년 후에도 우울을 보였다고 하였다. 또한 사랑하는 사람을 잃은 슬픔과 그 상실감으로 인해 자살하는 브로컨 하트(broken heart)라는 현상은 널리 알려져 있다. Parkes(1986)는 54세 이상의 부인을 잃은 영국 남성을 대상으로 조사한 결과, 부인이 죽은 후 6개월 이후에 사망할 비율이 같은 세대의 기혼남성에 비해 40% 높게 나타났으며 사망원인의 3/4이 심장병이라고 보고하였다.

이러한 정서적 변화뿐 아니라 신체적 증상을 통해 반응을 나타내기도 한다. Weiss(1988)는 노인 미망인들이 심리적·정서적 슬픔에 대한 호소를 당연하게 표현하지 못하고 있기 때문에 사회적으로 수용되기 쉬운 신체적 증상을 통해서 호소하는 경향이 있어서 건강상의 문제를 많이 나타낸다고 보았다. 텅 빈 느낌, 조이는 느낌, 소음과 빛에 과민한 반응, 숨 가쁨, 한숨, 에너지의 결여, 불면증이나 과도한 수면 등 수면형태에 변화가 오고 수면 중에 죽은 사람에 대한 꿈이나 악몽을 꾸는 경우도 많다. 잠을 제대로 자지 못하면 정서적으로 피폐해지고 신체적으로 약해져 신체적 에너지를 소진하게 되고 호흡곤란, 극심한 피로감, 현기증, 두근거림, 진땀, 신경과민, 소화장애 등을 경험할 수 있다. 실제로 배우자의 사망에 뒤이어서 사망의 위험성이 높아지고, 면역체계의 기능이 저하되고, 다양한 신체적 장애, 건강장애 그리고 심리적 장애의 위험성이 높아진다(Jackson & Zimmerman, 1986; Parkes, 1993).

사별로 인해 행동양상이 나타나기도 한다. 사별을 겪은 사람들은 사회적 위축, 죽은 사람에 대한 꿈, 소리침, 그리워함, 한숨, 과다한 활동, 빈번한 웃음, 사람들과의 상호작용 회피, 혹은 타인에 대한 지나친 의존, 적대감, 안절부절못함, 과민함, 사회적 관계나 활동에 대한 흥미 상실 등의 특징을 나타낸다. 이러한 반응들은 우울증의 증상과 매우 비슷하다. 사별을 경험한 사람들이 자신의 삶으로 돌아오는 데는 시간이 걸린다. 이 기간에 애도하는 사람의 행동을 병리적으로 해석하지 않는 것이 중요하다(김기태, 1998).

더 나아가 배우자 사별 후 겪는 또 다른 어려움은 과거에 배우자가 담당하였거나 혹은 배우자와 함께 분담했던 역할을 전적으로 떠맡게 됨으로 해서 경험하게 되는 역할 수행의 문제(최희정, 1997; Lund 등, 1993), 다른 쪽 배우자가 담당했던 역할의 손실로 인한 경제적 어려움(Mogan, 1989), 결혼지위의 변화로 인해 초래되는 대인관계상의 어려움(Bankoff, 1983)도 겪게 된다.

2) 배우자 사별 적응과정

인간의 일생은 만남과 헤어짐의 연속이라고 할 수 있다. 우리는 타자와의 만남 속에서 자신을 형성해 간다. 또한 자신의 일부는 사랑하는 사람의 마음속에서 살아가기 때문에 만남 뒤에 찾아오는 이별의 경험은 자신의 일부가 죽는 기분이다. 사랑하는 사람의 죽음을 눈앞에서 보거나 혹은 죽음을 예상치 못했을 경우 남은 사람은 대부분이 '슬픔과정(grief process)'이라 불리는 일련의 정서적 반응을 경험하게 된다. 인간이라면 누구나가 맛보지 않으면 안 되는 상실체험을 경험하게 된다(전성곤 역, 2008).

먼저 사별로 인한 슬픔에 적응하는 단계를 살펴보면, Engel(1962)은 슬픔의 단계를 충격(shock), 믿어지지 않음(disbelief), 고통(pain), 해결(resolution)의 네 단계로 구분하였고, Averill(1968)은 슬픔의 단계를 충격(shock), 절망(despair), 회복(recovery)으로 구분하였으며, Collin Parkers(1972)는 충격으로 감각을 잃음(numbness), 초기반응(primary), 우울(depression),

회복(recovery)으로 구분하였다. 또한 Williams(1978)는 슬픔의 단계를 저항(protest), 절망(despair), 분리(detachment)로 구분하였고, Bailey(1988)는 슬픔의 단계를 상실(loss), 방어(protest), 몸에 스며듦(searching), 절망(despair), 다시 세우기/재조직(reorganization), 재투자하기(reinvestment)의 단계로 설명하였으며, Rando(1993)는 회피(avoidance), 직면(confrontation), 적응(accommodation)으로 슬픔의 단계를 설명했다. Deeken(전성곤 역, 2008)은 슬픔의 단계를 12단계로 보았는데, 정신적 타격과 마비 상태(shock and numbness), 부정(denial), 패닉(panic) 상태, 분노와 부담감(anger and the feeling of injustice), 적의와 원망(hostility and resentment), 죄의식(guilt feelings), 공상형성, 환영(fantasy formation, hallucination), 고독감과 우울(loneliness and depression), 정신적 혼란과 무관심(disorientation and apathy), 포기와 수용(resignation and acceptance), 새로운 희망: 유머와 웃음의 재발견(new hope: rediscovery of humor and laughter), 회생단계: 새로운 아이덴티티의 탄생(recovery: gaining a new identity)으로 구분하였다. Wolfelt(1988)는 슬픔의 단계를 회피단계, 직면단계, 조정단계로 구분하였으며, 단계마다 치러내야 할 과업이 제시되어 있고, 전체적으로 2~3년에 걸쳐 슬픔과정이 진행되는 것으로 보고되고 있으나 그 결과가 일치하지는 않는다.

Parker(1972)는 사별 적응과정을 두 단계로 나누어 보았다. 첫 번째 단계인 위기상실단계(crisis loss phase)에서 사별자는 혼동된 세계에 있으며 자신들에게 가장 중요한 것은 사라지고 남아 있는 모든 것은 의미가 없으며 귀찮은 것으로 느껴져 현실로부터 도피하려는 경향을 보인다고 하였다. 이때 사별자들의 반응은 슬픔과 분노, 적대감으로 표출된다. 두 번째 단계인 전이단계(transition phase)에서는 슬픔의 강도가 감소하고 사회적 관계의 재조직화와 재형성이 발생하며 기혼자가 아닌 혼자로서 새로운 정체감과 생활을 이루려는 직면이 이루어진다고 하였다. Bowlby(1980)는 슬픔 적응과정을 망연자실한 상태(numbing), 그리워함(yearning), 탐색함(searching), 분열(disorganization), 절망(despair), 다시 세우기/재조직(reorganization)단계를 거치게 된다.

이러한 사별에의 슬픔단계나 사별에의 적응을 이론을 통해 설명한 학자들이 있다. 먼저 Parkes(1964)는 남편을 사별한 부인들의 슬픔에 대한 그의 연구를 통하여 그는 놀람, 검토, 진정(depression), 분노, 죄책감(guilt), 새로운 정체감을 사별의 주요한 요소로 제시하면서, 슬픔모델을 묘사하기 위해 애착이론을 사용하였다. Raphael(1977)도 'Anatomy of Bereavement'에서 슬픔모델을 기술하였다. 그는 사랑하는 사람이 죽을 때 초기 반응으로서, 쇼크, 무감각과 불신이 있게 되고 분리 고통이 뒤따른다고 묘사하였다. 심리적 애도과정은 관계성의 전체 역사(history)에 대한 강렬한 재경험이 뒤따르며 애착의 끈이 서서히 완화된다고 하였다. 결국 연대(bond)는 풀어지고 세상과 다시 통합하는 느낌이 있고 정서는 다시 한 번 인생에 재투자하기 위해 자유롭게 된다는 것이다(Raphael, 1977).

한편 사별과 관련하여 애도의 개념으로 적응을 살펴본 학자로는 William Worden(1991)이 있다. 그는 'Grief Counseling and Grief Therapy'에서 실무 전문가들이 사람들과 협상해 나가면서 도울 수 있는 네 가지 애도과업에 대해 기술하였다. 그는 단계적 접근의 어려움 중의 하나는 사람들이 단계들을 순서대로 거치는 것은 아니라는 점이라고 하였다. 또한 단계들이 너무 형식적으로 받아들여지는 경향이 있어서 의례적이 될 수 있다는 것이다. 애도의 네 가지 과업은 첫째, 슬퍼하는 사람은 상실이라는 현실, 즉 죽음의 결과를 받아들여야 한다는 것이다. 죽음을 거절하는 것, 또는 죽음의 의미조차 거절하는 것, 죽음의 불가역성을 거절하는 것이 오래 지속되면 때로는 병리적인 슬픔으로 이끌어 갈 수 있기 때문이다. 둘째, 슬퍼하는 사람은 슬픔이 고통스럽다는 것을 받아들여야 한다. 알코올이나 신경안정제와 같은 약물의 사용, 분노의 감정을 회피하거나 죄책감과 슬픔의 감정을 회피하는 것, 일이나 성에 지나치게 깊이 빠지는 것 등으로 슬픔에서 오는 고통을 피하기보다는 받아들이도록 해야 한다. 셋째, 슬퍼하는 사람은 죽은 사람이 더 이상 존재하지 않는 현실에 적응하도록 노력하여 새로운 일을 시작하거나 고인이 된 사람에게 의존했던 상황에서 독립해야 한다. 넷째, 슬퍼하는 사람은 시간이 지나면 고인에게 쏟았던 많은 감정적인 에너지를 철회하고, 그 에너지를 다른 관계에 쏟기 시작할 수 있어야 한다(노유자 등, 1998 재인용).

이처럼 사별 적응과 관련된 여러 이론과 모델은 서로 보완적이고 서로 중복되는 경향이 있다. 이에 Stobe와 Schut(1999)는 이중과정모형(dual process model: DPM)을 개발하였는데 이는 새로운 모델이라기보다 기존 아이디어를 통합 시도한 것이라고 할 수 있다. 이 모델은 사별에는 두 가지 주요 스트레스 원이 있는데 첫째는 상실 측면이며, 두 번째는 회복 측면이다. 상실 측면(loss orientation)은 상실 자체의 경험에 대한 사별가족의 집중을 말하며, 잃어버린 관계의 특성에 초점을 둔 애착이론과 슬픔과업을 통합하여 표현하고 있다. 회복 측면(restoration orientation)은 사별에 따른 이차적인 스트레스 원으로 사별로 인한 결과들이다. 즉, 사별생활의 적응과 관련된 것으로서 고인이 수행하던 역할이나 과제, 생활방식에 대한 적응, 새로운 자아정체성 확립, 일상적인 생활에 적응하기 등을 포함한다. 이 두 가지 측면에서 모두 스트레스의 근원이 되며 부담감, 고통과 불안을 야기한다. 둘 다 개인과 문화에 따라 다양하게 대처과정을 보이며, 슬픔의 과업이 앞서 논의되었던 것보다 더 광범위하다. 사별인은 이러한 두 스트레스 원에 직면과 회피를 반복하게 되는데 이는 역동적으로 변화되고 시간에 따라 변한다. 사별인은 상실과 회복과의 대처 사이를 번갈아 왔다 갔다 한다. 즉, 한 번은 상실 측면을 직면하고, 한 번 더 이를 회피하고, 회복 측면을 직면한 뒤 다시 회피하는 반응을 보이게 된다는 것이다(Archer, 1999; Strobe & Schut, 1999).

한편, Klass, Silverman, Nickman(1996)은 사별자가 고인과의 관계를 반드시 끊어야 할 필요성이 없다고 주장하여 기존의 사별이론 모델의 이론에 이의를 제기하였다. 전통적인 사별이론 모델의 이론에서는 고인과의 관계를 철회하고 분리함으로 사별로부터 회복되고 새로운 관계를 발전시킬 수 있다고 보았다. 그러나 이들 사별자는 계속적으로 그들의 일상생활 가운데서 고인과의 관계를 반추하고 그 기억들과 생각들을 내재화한다고 하였다. 내면화는 고인과의 유대를 맺어가는 심리적 변화로 정의할 수 있다. 즉, 고인과의 내면화를 통한 내적 대화는 사별자들의 생각을 정리하고 고인과 미처 끝내지 못하고 정리되지 못한 관계들을 정리할 수 있는 기회와 미래를 준비할 수 있는 기회를 제공해 주는 등 긍정적인 영향을 미친다. 사별자들은 고인과 강하게 연관성을 맺고 있다는 것을 보여 준다. 이러한 계속적인 유대관계가 사별자들이 새로운 삶을 시작하는 것을 촉진시키는 작용을 하며 이러한 유대관계는 건강하고 자연스러운 애도 반응이고 사별과정을 건강하게 끌어내기 위해 사별자들은 그들의 추억을 고인과 나누기를 원한다는 것이다(Marwit & Klass, 1996).

　따라서 배우자를 사별한 모든 사람이 동일한 스트레스와 부적응을 경험하는 것이 아니라 모든 사람이 일정한 단계를 거쳐 회복되어 간다고 볼 수가 없다(Wortman & Silver, 1989; Stroebe, 1993). 사별 직후에 스트레스와 부적응을 경험하지 않는 사람도 있으며, 상당한 시간이 경과한 후에도 정상적인 수준까지 회복하지 못하는 사람들도 있다(Wortman & Silver, 1989). 따라서 사별 적응의 단계들은 유동적이며 반드시 그대로 과정을 겪는 것은 아니라는 것이 공통적이다. 사별을 경험하는 사람들은 이전의 건강과 안녕 상태로 회복하기 위한 과업들, 즉 상실이라는 현실을 받아들이고 슬픔으로 인한 아픔을 경험하고 상실의 결과를 이해하며 사별 후의 환경에 적응하는 단계를 거치게 된다(Amenta & Bohnet, 1986).

　노년기 배우자 사별자도 사별 직후에 정신적, 신체적 문제의 유발은 물론 사회적 관계의 단절, 재정적 상실, 역할체계의 변화 등 다양한 스트레스를 경험하게 되는데 정상적인 슬픔과정을 따라가면 여러 가지 사별 관련 문제들을 극복하고 사별을 경험하지 않은 사람들의 적응 수준까지 회복된다(Bowlby, 1980; Weiss, 1993; Norris & Murrell, 1990). 이렇듯 다양한 과정들을 고려할 때 과연 한국 농촌여성 노인들의 사별 적응과정은 어떠한지 살펴볼 필요성이 있다.

3. 배우자 사별 적응과 관련된 선행연구

　과거에는 사별 적응에 관한 영향력 있는 연구들이 주로 젊은 여성 사별자에 초점을 둔 연구들이었다. 그나마 노년기 사별 적응을 다룬 일부 연구들은 대표성 있는 사례가 아니거나 매우 작은 사례 수를 이용하여 연구를 진행하였다(Heyman & Gianturco, 1973). 따라서 노인을 대상으로 하여 배우자 사별 적응 관련변인을 연구한 학자가 적기 때문에 본 연구에서는 사별과 관련한 여러 연령집단의 연구를 포괄적으로 다루었다.

사별 적응에는 영향을 주는 많은 요인들이 있다. Stroebe와 Schut(1999)는 경험적 근거를 이용하여 비정상적인 슬픔의 정도, 성별, 대인관계, 사회·문화적 맥락의 측면이 사별 후 적응을 설명하는 데 핵심적인 측면이라고 주장하였으며, Parker(1998)는 심리 사회적 측면에서 사별사건을 인식하고 배우자를 사별한 사람들은 슬픔과정에서 세상에 대한 기존의 전제를 수정할 필요가 있으며, 이때 성격과 사회적 지지가 중재 변수로 작용한다고 하는 인지적 관점에서 사별과정을 해석하였다. Sanders(1989)는 사별 후 적응의 영향요인을 외적 요인과 내적 요인으로 구분하였다. 외적 요인으로는 사회적 지지, 죽음의 형태, 배우자, 자녀, 부모, 친구, 사회경제적 상태, 종교성, 낙인된 죽음, 공존하는 위기 등이며, 내적 요인으로는 연령, 성별, 성격, 건강, 고인에 대한 양가감정, 의존적 행위 등을 의미한다. 그 외에도 여러 가지 사별 노인의 적응에 영향을 미친다.

사별을 미리 준비해 두거나 주변으로부터 적응과 관련된 중재서비스를 받는 경우 사별 적응이 달라진다. 즉, 대부분의 사별자는 정상적으로 슬픔을 극복해 나갈 수 있고 성공적으로 잘 대처해 나가지만(Donnell, 1997), 20%에서 전문적인 돌봄을 필요로 한다(Kissane, 2004). 사별중재의 중요한 핵심은 사별자와 함께 있어 주고, 감정이입을 하면서 사별의 경험을 들어주는 데 있으며, 슬픔을 표출하게 도와주고 정상적인 반응임을 확인시켜 주는 데 있다(Lawrenz & Green, 2000; Quan & Wadsworth, 2000; Parkers. 2001). 이러한 사별중재로 상실을 겪는 이들의 슬픔을 완화시키거나 회복과정을 단축시킬 수 있으며, 사별의 부정적인 신체적 증상을 감소시킬 수 있다(Kato & Mann, 1999). 즉, 임종 전 호스피스 서비스를 받게 되는 경우 생존 배우자는 사별 슬픔과 죽음에 대한 대비를 하는 기회를 갖게 된다(Quadagno, 2002). 그렇다고 사별을 예상하고 준비한 배우자의 경우 사별의 슬픔이 줄어드는 것은 아니지만 사별의 적응에 있어서 죽음을 예상하거나 준비기간을 갖지 못한 노인에 비해 적응 수준이 높게 나타났다. 사별 후 2년이 경과한 노인의 경우 배우자에 대한 그리움은 나타나지만 우울 수준은 죽음에 대한 준비를 하지 못한 노인에 비해 준비과정을 경험한 노인에게 현저히 감소되고 있음을 알 수 있었다(O'Bryant & Hansson, 1995).

또한 사별 이후에 가장 잘 적응하는 노인은 바쁘게 살면서 새로운 역할을 가지고 종종 친구들을 만나는 삶을 사는 사람들이다(Lund, 1993). 사별 여성 노인의 경우 남자의 경우보다 연금 및 사회보장 제도가 줄어들게 됨으로 재정적 어려움을 겪는 경우가 많은데 재정적 자원이 결핍된 사별 여성 노인들이 삶의 불행과 불만족을 많이 언급하는 것으로 나타났다(Heinemann & Evans, 1990). 또한 종교 참여 및 종교성(영성)도 사별 적응에 영향을 미치는 변수로 제시되고 있다 (Wortman & Silver, 1989). 이정숙(2000)에 의하면 애도과정을 순조롭게 해결하기 위한 과업으로 정상적인 비탄의 고통을 경험하는 것에 의해 고인에 대한 심리적 마음으로부터 자신을 분리하는 일, 사별 후의 환경에 자신을 재적응시키는 일, 자신을 새로운 사회적 관계에 재연결시키는 일을 제시하였다.

Liberman과 Peskin(1992)은 한 연구에서 배우자가 사망했을 때 별로 슬퍼하지 않았던 사별자를 평가하였다. 이 집단에서 배우자의 상실에 성공적으로 적응할 수 있는 슬픔에 영향을 미치는 인자로는 고인과의 관계, 개인의 성격, 사회적 지지망, 과거의 대처 양상, 공존하는 위기 상황, 가족의 강인성 등이 제시되어 있다(Kolf, 1999; Staudacher, 1987). 이렇듯 계속해서 오랫동안 배우자를 돌보아 온 나이 든 홀로된 여성들은 배우자가 사망함으로써 보살핌으로 인한 신체적, 감정적 그리고 지적인 의무에서 풀려나게 된다. 그럼으로 홀로 남은 배우자는 자신의 정체성을 다시 찾고 다시 인생을 재조명하게 된다(Blieszner & Hatvany, 1996).

배우자 사별에 대한 선행연구, 국내의 선행연구의 상당부분은 위기 상담 측면의 연구들로서 이재만(1990), 서정만(1992), 최인섭(1995)이 있었고, 구자순(1982)은 한국여자 배우자를 사별한 중년여성이란 연구에서 여성의 경우 배우자를 사별한 직후 경제적인 문제가 가장 어려운 문제였다고 하였다. 강인(1998)은 중년기 사별기간 7년 이내의 재혼, 동거하지 않는 중년기 여성을 대상으로 한, 중년기 여성이 경험하는 배우자 사별 스트레스와 적응에 관한 연구에서 사별 여성들의 스트레스 과정은 복합적인 것이며 우울과 생활 만족도에 미치는 영향은 유형별로 다르다고 주장하면서 사별 여성 모두 똑같이 사별 스트레스와 적응 정도를 경험하지 않는다는 사실을 지적하였다.

이미라(2005)는 중년기 사별여성을 대상으로 한 질적 연구에서 사별의 슬픔 극복과정에 영향을 주는 요인으로 성별, 연령 및 결혼지속기간, 자부심, 성격, 경제력 등의 자립자원, 유가족들과의 관계, 지지원, 순명(順命), 고인과의 관계의 질, 이중적 위기, 죽음의 질, 투병기간 등을 들었다. 양복순(2002)의 배우자를 사별한 중년여성을 대상으로 근거이론 방법을 사용한 결과, 인과적 상황은 '상실'이었고 중심현상은 '무너져 내림'이었으며, 이 현상에 영향을 미치는 전후관계는 '부부화목 정도'와 '생활력'으로 나타났다. 그리고 중년여성이 경험한 배우자 사별의 중심현상과 이에 대한 행동 양상을 설명하는 핵심범주는 '헤쳐 나아감'이었으며, 이 과정은 시간의 흐름에 따라 무너져 내림의 충격단계, 혼란단계, 수용단계, 극복단계로 나타났다. 두현정(2008)의 연구는 사별가족의 슬픔 적응과정을 근거이론으로 연구하였는데, 사별가족의 경험과정은 '직면한 죽음을 인식', '사별로 인하여 직면한 상실의 반응'이라는 인과조건과 '가족의 회복력'이라는 맥락적 조건에 영향을 받아 나타나는 '떠나보내기'라는 중심현상에 대해 '지지체계', '호스피스'라는 중재적 조건에 영향을 받아 '상실의 슬픔 적응을 위한 조정 시도하기'와 '상실의 슬픔 적응을 위한 조정강화'의 전략을 사용하는 '회복 지향적 슬픔 적응' 과정인 것으로 나타났다.

그러나 노인의 배우자 사별에 관련한 선행 연구를 찾기가 쉽지 않다. 손의성(2007)의 노년기 배우자 사별 노인의 적응에 관한 연구는 양적 연구인데 배우자의 죽음의 질이 높을 때 사별 노인의 적응 수준도 높아지며, 또한 사별 당시 노인이 보유한 대처 자원, 즉 교육적－인지적 자원, 신체적－기능적 자원, 경제적 자원, 사회적－대인적 자원, 심리적－정서적 자원, 지역사회 자원 등을 많이 보유하고 있을 때 사별 슬픔의 극복과 개인의 삶의 성장을 보다 더 잘 이루어 나가게 된다는 결과를 나타냈다.

이렇듯 사별 적응에 대한 개념들은 연구자들에 의해 다양하게 규정되어 왔으며, 배우자 사별에 대한 적응하는 형태도 개인마다 다르다. 이렇듯 본 연구에서는 농촌여성 노인의 배우자 사별과 관련하여 다양한 사별 적응과정과 양상은 어떤지를 설명하고, 사별 적응과정 요인은 무엇인지를 살펴보며, 사별 적응과정의 변수가 무엇인지를 밝혀 보고자 한다.

4. 주요용어 정의

1) 배우자 사별

Duvall(1997)은 노년기가 가족 내에서 과부 혹은 홀아비의 지위를 갖게 되며, 가족발달단계에 따른 과업을 살펴보면 유족 및 홀로되는 것에 대처, 가정을 마감하고 노화에 적응하는 단계로 노년기의 발달 과업을 정의하였다. 본 연구에서 배우자 사별은 "남편의 사망으로 이별함"이라는 의미로서 여성 노인이 배우자를 사별한 후 홀로 사는 65세 이상을 의미한다. 2009년 통계청의 결과에 의하면 65세 이상 노인의 부부세대 인구는 32.1%를 보였고, 홀로 살고 있는 독거노인인 1세대 가구 수는 33%를 보였다. 그럼으로써 본 연구에서는 자녀와 동거를 하지 않고 부부세대로 함께 살아오다가 배우자가 사망한 경우이며, 배우자 사망 이후에도 여성 노인이 농촌에서 혼자 사는 경우만 대상자로 선택하였다.

2) 배우자 사별 적응기간

슬픔이란 개인이 사별에 대하여 적응해 나가기 위해 경험하는 필수적인 작업이며 이는 고인과의 유대관계를 끊고 고인이 없는 환경에 다시 적응하면서 새로운 관계를 형성해 나가는 과정이다(Lindermann, 1994). 사별기간은 12개월 이내로 하였다. 이는 사별 적응기간이 1년 이내, 길게는 5년에서 7년까지 고려하기도 하지만, 상실에 대한 강도는 6개월 이내가 가장 강하며 그 후부터는 점차적으로 감소하고(Victoria Hospice Society, 1993), 노년기의 배우자 사별은 초기 경험 시 젊은 시기에 사별하는 경우에 비해 슬픔의 강도가 덜 하며(Sanders, 1993; Stroebe, 1987) 슬픔이 사별 후 1년이 되는 시점에서 감소되면 슬픔을 조정하는 단계가 나타나므로(Chentsova-Dutton Shucter, Hutchin, Strause, Burns, Dunn, Miller & Sisook, 2002), 본 연구에서는 노년기의 배우자 사별 적응과정은 배우자 사별 후 12개월 이내의 대상자로 한정하였다.

Ⅲ

연구방법

본 연구는 농촌여성 노인의 배우자 사별경험에 대한 이해와 개별적인 일
반화에 근거한 이론 개발을 위해 근거이론 방법을 적용하였다. 따라서 본 장
에서는 연구를 위해 근거 이론적 접근을 적용한 방법 및 과정을 기술하였다.

1. 연구설계

본 연구는 농촌여성 노인의 배우자 사별경험이 있는 참여자를 대상으로 적응과정에 대하여 자료로부터 개념을 이끌어 내는 귀납적 규명과 가설설정과 자료를 통한 확인과정을 통하여 연역적 검증을 순환적으로 거치면서, 경험과정에 대한 인터뷰를 적용한 종단적이고 순환적인 연구 설계이다.

2. 연구 참여자 및 윤리적 고려

본 연구대상자는 사별경험이 있는 농촌여성 노인이다. 연구대상의 규모에 대한 정확한 결정은 미리 설정할 수가 없다(Morse, 2001; 신수진, 2006 재인용). 그러므로 분석단위는 미리 결정되는 것이 아니며 근거이론에서 이론적 분석단위는 참여자인 사람이 아니라 사건, 이야기, 예 등일 수 있다. 이에 근거하여 연구자가 더 이상 새로운 개념이 도출되지 않고 범주의 속성을 발달시키는 데 더 이상의 새로운 자료가 발견되지 않으며 포화의 신호인 중복, 반복, 지루함이 나타나는 시점까지 이론적 표집을 하였으며(Morse, 2005; 신수진, 2006 재인용), 이러한 과정을 통해 참여자의 면담 후 자료를 분석하고, 이를 토대로 다음 참여자 선정기준을 정하였다. 연구 참여자는 충남 당진군 지역에 거주하고 있는 배우자 사별을 경험한 65세 이상의 여성 노인이며, 사별기간이 12개월 미만자로 14명이었다.

연구의 타당도를 높이기 위하여 참여자의 사별기간, 사별자의 경제 상태 등의 다양한 특성을 고려하여 목적적 표집(Purpose Sampling)을 하였다. 또한 본 연구자는 부모님의 사별을 지켜보면서 배우자 사별 후 적응과정에 대한 이론적 민감성을 높일 수 있었다.

본 연구에서는 참여자들의 윤리적 고려를 위해 연구의 목적, 익명성, 비밀보장에 관한 내용을 설명하였으며 면담내용을 녹음한다는 것, 면담내용은 연구의 목적으로 사용된다는 점, 면담 도중에 인터뷰를 원치 않으면 언제라도 끝낼 수 있다는 것 등을 설명한 후 참여자가 연구에 참여하기로 구두 동의한 후 인터뷰를 하였다. 또한 연구가 종료된 후 모든 자료는 폐기될 것임을 설명하였으며, 참여자의 상담 요청 시에는 언제라도 필요한 도움을 제공할 것을 약속하였다. 또한 인터뷰 후에는 인터뷰 참여에 대한 소정의 답례품을 제공하였다.

3. 이론적 표본 추출 과정

이론적 표본 추출(Theoretical Sampling)이란 이론에 대해 입증된 이론적 관련성을 가진 개념들을 근거로 하여 표본을 추출하는 것이다. 이론적 표본 추출의 목적은 개념 간의 변동을 발견하고, 속성과 차원에 따라 범주의 밀도를 더할 수 있는 기회를 최대한 할 수 있는 장소, 사람, 사건을 찾아 표본을 추출하는 것이다. 이를 위해 Cobin과 Strauss가 공저한 근거이론을 공역한 질적 연구자(신경림 외, 2009)와의 이화여대 근거이론의 질적 Work shop을 통하여 근거이론에 대한 이해를 높일 수 있었으며 이론적 표본 추출을 이해하는 데 많은 도움을 받았다.

이에 본 연구자는 이론적 표본 추출을 위해 보건지소, 보건진료소 간호사에게 받은 명단으로 참여자와의 전화통화를 먼저 하여 의사소통에 문제가 없는 참여자를 표본 추출하였으며, 자료 수집과 동시에 분석을 실시하였다. 처음의 표본 추출에서 연구자는 가능한 한 많은 범주를 만들어 내는 것에 관심이 있었으므로 넓은 영역에서 자료를 수집하였고, 몇 개의 범주를 얻어 표본 추출을 더욱 발전시켜 나가면서 포화(saturation)시켰다.

자료 수집은 처음에는 개방적인 질문으로 미리 구성한 인터뷰 가이드라인을 사용하여 다양한 개념과 범주를 이끌어 내고자 하였으며 범주를 정교화하기 위해서는 추가 질문을 형성하고 이론의 범위를 확장시키기 위하여 출현한 개념의 속성과 차원을 지속적으로 비교하면서 속성과 차원을 변화시키는 변인을 가정하고 그것을 밝힐 수 있는 구체적인 질문을 형성한 후 이에 적합한 대상자를 목적적 표본 추출하였다(신수진, 2006).

지속적 비교를 통해 차이에 대한 요인을 찾아가는 숙고의 과정이 이론적 표본 추출을 위해 필수적인 과정이었으며 본 연구에서 이론적 표본 추출에 대한 실례를 들면 다음과 같다.

초기에는 배우자 사별경험을 한 후 애도과정에 대한 유사점과 차이점을 찾기 위해서 연령, 학력, 종교, 결혼기간, 자녀 수, 배우자의 죽음의 경위, 사별 후 기간 등이 다양한 범위에 속한 참여자들을 표본 추출하였다.

첫 번째 참여자는 사별한 지 3개월이 경과된 78세로 결혼기간은 55년이었으며 학력은 무학이고, 자녀가 없다. 인터뷰는 참여자의 집에서 이루어졌으며 1회기 때는 약 90분간 이루어졌다. 연구자는 참여자에게 먼저 '요즘 어떻게 지내시고 계시는지 이야기를 해 주세요'라는 개방성 질문을 하였으며 참여자는 처음부터 거의 끝까지 울면서 이야기를 차분하게 적극적으로 해 나갔다. 참여자는 사별기간 내내 잠을 잘 수가 없어서 정신과 치료를 받고 있다는 이야기를 수차례 하였으며 자식이 없어서 더욱 외롭고 쓸쓸하다는 이야기를 반복적으로 하였고, 참여자의 건강 상태로 인하여 불가피하게 요양원에 가게 될 날이 올 것 같다며 미래에 홀로 남겨져 아무도 돌보아 주지 않을 것에 대한 두려움으로 가득 차 있었다. 참여자는 현재 배우자를 잃은 슬픔에 관하여 자세하게 정보를 제공해 주었다.

두 번째 참여자는 79세로 배우자와 사별한 지 12개월되었다. 사별 전 결혼기간이 56년이었고, 자녀는 2남 2녀를 둔 대상자로 주로 생활고에 대해 이야기를 했다. 남편의 사망에 대한 무서움으로 집에서 혼자 지내는 것이 얼마나 두려웠는가에 대한 이야기를 해 주었다.

세 번째 참여자는 사별기간이 11개월인 88세의 여성 노인으로 사별 전 결혼기간이 38년 되었고, 재혼을 하였다. 전남편과의 사이에 태어난 자녀들은 본가에 두고 왔으며, 재혼한 남편의 자식만 4남매 키웠고, 자신의 질병과 극심한 생활고를 주로 호소하였다.

각 참여자의 인터뷰 자료에 대한 개념의 명명은 인터뷰 직후 이루어졌으나 사례 간 비교분석은 세 번째 참여자까지 인터뷰가 이루어진 후 실시하였으며 자료 분석 과정에서 세 참여자의 공통점과 차이점을 비교하여 추가 질문을 이끌어 내었다.

　세 명의 참여자로부터 도출된 개념을 비교 분석한 결과 처음 예상했던 학력, 연령, 종교에 따른 차이는 발견할 수 없었으나 사별 후 기간에 따라서 애도과정의 슬픔반응이 다른 것을 발견하였다. 즉, 사별 후 기간이 3개월인 참여자 1은 '아무런 생각도 없고 어떤 계획이나 느낌도 없이' 무작정 슬픔을 경험하고 있었으며, 참여자 2는 사별기간이 9개월이 되었으며 이때 반응하는 슬픔반응은 배우자를 잃은 슬픔과 현실에 대한 걱정을 동시에 경험하고 있었다. 참여자 3은 배우자를 잃은 사별기간이 12개월이었으며 이제 죽을 만큼의 슬픔과정은 지나갔지만 남편이 없는 빈자리에 현실적인 문제만이 남아 있음을 경험함으로써 그리움보다는 어려움에 처한 현실에 대한 호소가 주로 많은 것을 알 수가 있었다. 이에 사별기간에 따라서 슬픔을 나타내는 정도가 다를 것이라고 가정하여 사별기간이 적응과정에 대한 차이를 가져오는 변수라고 판단해 다음 연구 참여자 선정 시에는 사별기간을 고려하여 대상자를 의도적으로 표본 추출하였다. 이에 네 번째 참여자는 사별기간이 4개월인 70세의 불교신자였으며, 다섯 번째 대상자는 73세로 사별기간이 8개월이었으며 이들 참여자의 인터뷰 내용을 지속적으로 비교하여 개념의 속성과 차원에 따른 표본 추출을 하였다.

　또한 다른 참여자보다 빠르게 적응하는 참여자를 보고 적응을 효과적으로 하게 된 중요한 역할을 하는 변수가 무엇인지 숙고하였다. 이 과정에서 결혼생활의 만족도와 현재 처한 자신의 질병 상태, 경제

상태가 사별 적응과정을 수행하는 데 도움이 되는 변수라고 파악되어 이에 대한 속성의 차원을 넓히기 위하여 현재 치료받고 있는 질병과 경제수준, 지지 정도, 살아생전의 부부의 금실 정도에 대한 인터뷰를 강화하였다.

이처럼 추출된 개념에 대한 속성과 차원을 넓히기 위한 표본 추출을 실시하였으며, 이론적 표본 추출을 위한 지속적 비교과정은 개방코딩뿐 아니라 축코딩과 선택코딩까지도 지속적으로 이루어졌으며 이론적 표본 추출을 하면서 순환적으로 분석 과정이 진행되었다.

4. 연구자의 준비

본 연구자는 연구를 시행하기 위한 이론적 준비과정으로 2004년 석사과정부터 2007년 박사과정에 진학하여 학과수업으로 질적 연구방법론 과목을 이수하였으며, 죽음학 강의를 들었다. 석사과정에서 심층면담에 관한 질적 연구를 한 바 있으며, 질적 연구와 관련한 워크숍에 2007년부터 2009년까지 지속적으로 참여하여 한국 질적 연구 센터의 논문발표와 방법론에 대한 강의를 들었다. 특히 2009년 Corbin의 근거이론 방법론 특강 워크숍을 하는 수업에 참가하였으며, 2010년 Corbin의 방법론을 직접 지도받은 교수를 모시고 워크숍을 진행하였다. 또한 2009년 박사과정 수업 중 워크숍 형태로 대상자를 만나인터뷰를 직접 시연하는 지도를 받고 면담 기술 방법에 관한 지도를 받았으며 국내의 질적 분석 관련 논문을 비교 연구하였다. 이러한 과정을 통하여 질적 연구의 도구인 연구자 자신의 신뢰도와 타당도를 높이기 위해 연구를 꾸준히 준비해 왔다.

　질적 연구의 연구자는 자신의 개인적인 선입견, 가치, 신념에 대해 정확히 알고 있어야 한다. 이것은 자료를 수집하기 전 그리고 연구과정 전체에서 매우 필수적이다. 특히 연구자의 배경이나 경력은 연구 참여자와의 상호작용에 영향을 미치게 되며, 면담기술 등은 자료 수집 등에 결정적인 영향을 미치게 된다. 또한 연구자의 이론적 민감성을 위해 다양한 변수와 개념을 다루는 논문과 '스트레스이론', '성격이론', '죽음이론' 등의 문헌을 고찰하였다. '스트레스이론'은 사별 후 경험하게 되는 다양한 스트레스와 적응 간의 관계에서 어떠한 영향을 나타내는가에 대하여 파악하는 데 도움이 되었고, '성격이론'은 배우자 사별을 경험한 참여자들의 개인의 상황 특성을 이해하고 참여자가 표현하고자 하는 의미 있는 언어적 단서나 비언어적인 단서를 알아차리는 면담의 기술적 측면에 도움이 되었다. 특히 서로 간의 관계형성을 이루고 인터뷰를 지속적으로 할 수 있는 관계를 유지하는 데 도움을 주었다. 특히 프로이드의『죽음의 부정』, 엘리자베스 퀴블러 로스의『인생수업』, 알폰스 디켄의『죽음교육』등은 죽음에 대한 이해, 죽음을 경험한 가족을 이해하는 데 또 다른 시각을 넓혀 주었다. 또한 본 연구자는 교류분석 상담전문가 및 가족치료 상담사 과정을 2007년부터 수련하였고 현재 상담사로 활동하고 있으므로 참여자들에게 다가서는 데 좀 더 자연스러웠으며 공감을 나누는 데 용이하였고, 참여자들이 표현하고자 하는 것을 있는 그대로 솔직하게 표현할 수 있도록 하는 데 좀 더 수월하였다. 또한 지역사회 간호사로 보건소에 재직 중 임의로 연구자의 직업적 특성과 신뢰감으로 지역 주민과 유대관계가 깊으며 참여자들과의 친밀감이 높기 때문에 허심탄

회하게 인터뷰를 진행하였다.

5. 연구 참여자의 특성

본 연구의 참여자는 농촌지역에 거주하고 있는 배우자 사별경험이 있는 65세 이상의 여성 노인을 선정하였으며, 사별기간이 12개월 미만이었다. 참여자는 14명이었으며 최저연령 65세부터 최고연령 88세까지의 여성으로 사별기간은 12개월 미만의 대상자이다. 참여자의 학력은 12명이 무학이었으며, 2명이 초등학교 졸업자였고, 14명의 참여자 중 종교는 무교가 4명, 종교가 있는 참여자가 10명이었다. 참여자는 농업에 종사하거나 또는 일을 할 수 없는 참여자로 구성되었다.

■ 연구 참여자 1
결혼기간이 55년이 된 78세의 참여자는 자녀가 없이 부부가 서로 의지하면서 살아 왔다. 종교는 없었으며 사별기간은 3개월이 되었고 남편이 심장질환을 앓은 지는 오래되었지만 40일 정도 병원생활을 하다가 병원에서 갑작스러운 사망을 하였다. 현재 잠 오는 약을 처방받아 먹으면서 지내고 있다. 현재 가장 큰 걱정거리는 돌보아 주는 사람이 없어서 차후 거취문제가 걱정이다.

■ 연구 참여자 2
결혼기간이 56년 된 79세의 참여자는 2남 2녀의 자녀를 두었고 종교는 불교이다. 참여자는 사별기간이 12개월 되었으며, 남편은 2년 정도의 질병을 앓다가 사망하였고 부부관계는 원만하지 않았다. 현재 생활 형편은 자녀의 도움으로 살고 있으며 넉넉한 편은 아니다.

■ 연구 참여자 3
88세의 참여자는 결혼기간이 28년이다. 재혼을 하였으며, 전남편의 자녀 2명은 전남편 집에 두고 왔으며 현재 남편의 자녀 4남매가 있다. 종교는 천주교이며 사별기간은 11개월이다. 남편이 살아 있을 때는 자녀들의 지지가 미약하지만 지원을 해 주었는데 남편의 사망 후 경제적 지원이 끊어져서 혼자 살기 힘들어하였다.

■ 연구 참여자 4
결혼기간이 51년 된 70세의 참여자는 4남매의 자녀를 두었으며 사별기간은 4개월이 되었다. 종교는 불교이며, 5년 이상의 질병을 앓고 있던 남편의 사망으로 불면증과 생활고에 시달리고 있었다. 남편이 오랜 시간 정신질환과 치매를 앓아서 남편의 사망에 속이 시원할 줄 알았지만 남편의 빈자리에 힘든 시간을 보내고 있었다. 자녀들의 가정형편이 넉넉지 않아서 최소한의 생활을 하기에도 힘이 들며 경제적 지지를 받기가 힘든 상황이다.

■ 연구 참여자 5
73세의 참여자는 결혼기간이 50년 되었으며 자녀는 1남 4녀를 두었다. 종교는 없으며 사별기간은 8개월이 되었다. 남편이 1년 정도 앓다가 사망하였는데 사망 후 잠을 못 자고 힘들어하다가 쓰러져 뇌졸중을 앓게 되었다. 경제적 지원은 자녀들이 해 주고 있는데 병원비 지출이 많아서 걱정이며 아픈 몸으로 혼자 살아야 하는 것이 힘든 일이다. 자녀들과 함께 살 수 없는 현실적인 문제를 갖고 있으며 일상생활의 어려움을 겪고 있다.

■ 연구 참여자 6
74세의 연구 참여자는 47년의 결혼생활을 유지하였으며 재혼을 하였다. 자녀는 2남 2녀를 두었으며 종교는 불교이다. 사별기간은 9개월이 되었는데 결혼 전 부부관계가 매우 좋지 않아 남편에 대한 원망이 많았지만 경제적 지원이 좋아서 새로운 생활을 시도하는데 어려움이 없었다. 몸이 불편하여 교통수단이 편리한 곳으로 이사 가기를 원하며 적극적으로 삶에 대처하였다.

■ 연구 참여자 7
참여자는 71세이며 50년의 결혼생활을 유지하였다. 자녀는 3남을 두었으며 사는 형편이 좋지 않아서 경제적 지지를 받기가 어려운 실정이다. 남편과 갈등이 심했고 종교는 무교이다. 사별기간은 2개월 되었으며 극도의 우울증으로 치료를 받고 있으며 알코올에 의존하여 생활하고 있다. 술을 마시지 않으면 하루도 잠을 이룰 수 없는 상황에 이르렀다.

■ 연구 참여자 8
참여자는 83세로 결혼기간이 64년 동안이었으며 자녀는 1남 2녀를 두었는데 자녀는 첩을 들여서 얻은 자식들이다. 자녀들과의 관계가 좋으며 자녀들 모두 참여자가 양육하였고, 이들은 참여자 호적에 올라가 있다. 참여자가 경제적 지원을 오히려 자녀들에게 해 주고 있었다. 해소천식으로 지병을 앓고 있지만 모든 것이 하늘의 뜻이라고 생각하며 종교생활로 어려움을 극복하고 있다.

■ 연구 참여자 9
참여자는 65세이며 결혼기간은 44년이고 자녀는 1남 5녀를 두었다. 종교는 무교이며 사별기간은 3개월이 되었다. 이른 나이에 남편이 사망한 것이 참여자 자신의 책임 같아서 죄책감에 시달리고 있다. 경제적인 형편은 좋으나 일을 줄여야 하는 처지에 있고 변비와 가슴 두근거림이 있어서 하루를 보내기가 힘들다. 남편이 모든 일을 도와주었기 때문에 혼자서 할 수 있는 일이 없는 처지로 현재 생활을 매우 힘들게 지내고 있다.

■ 연구 참여자 10
참여자는 77세로 결혼기간은 52년이 되었다. 자녀는 3남 4녀를 두었으며 종교는 기독교이다. 사별기간은 7개월이 되었으며 남편이 갑작스럽게 목욕탕에서 사망하여 당황하였다. 평소에 일만 하고 재미있게 살아 보지 못한 것이 후회되었다. 하루 일과를 매일 농사일만 하면서 보내고 있다. 자녀들의 지지는 말로만 할 뿐 실질적으로 큰 도움은 되지 않고 있다.

■ 연구 참여자 11
참여자는 74세로 52년의 결혼기간을 유지하였다. 5남의 자녀를 두었고, 종교는 불교이다. 사별기간은 12개월 되었으며, 남편이 신장투석을 1달간 하다가 갑작스럽게 사망을 하였기 때문에 혼자 지내는 하루가 힘들지만 남편의 농사일지를 보면서 농사를 짓고 참여자 자신도 남편을 따라서 매일매일 일지를 쓰고 있다. 하루하루를 최선을 다하여 즐겁게 살려고 노력하면서 지낸다.

■ 연구 참여자 12

참여자는 72세로 48년의 결혼기간을 유지하였다. 2남 3녀의 자녀를
두었고 종교는 불교이다. 사별기간은 12개월이었으며 남편이 트랙
터 사고로 갑작스럽게 사망을 하였다. 결혼기간에 자녀를 낳고 부
부로 산다는 것을 의무감으로 생각하고 살아서 그런지 무덤덤하게
지내며 매일 일만 하면서 지내고 있다. 생활하면서 어떤 사건이나
일에 대해서 무감각한 느낌이며, 대답하기가 힘든지, 지금 내가 어
려운 상황인지조차 이야기를 나누기가 어렵다고 호소하며 묵묵히
평소에 지내왔던 대로 살고 있다.

■ 연구 참여자 13

참여자는 76세로 54년의 결혼기간을 유지하였고 3남 1녀의 자녀를
두었다. 종교는 기독교이며 6개월의 사별기간을 보냈다. 남편은 산
으로 운동을 갔다가 실족사를 하였는데 늦게까지 돌아오지 않는
남편을 찾으러 가지 못한 것이 후회가 되었다. 이것으로 인하여 참
여자는 입이 돌아가는 고통을 받았고 가슴 두근거림으로 하루하루
를 보내고 있다. 자녀들의 지지가 좋아서 힘든 시간을 겨우 견디고
있다.

■ 연구 참여자 14

참여자는 65세로 40년의 결혼생활을 유지하였으며 1남 2녀의 자녀
를 두었다. 종교는 무교이며 사별기간은 7개월이다. 젊은 시절부터
병으로 고생을 하다가 재산을 모두 탕진하였다고 한다. 신부전증인
남편과 사별을 한 후 불면증과 우울증을 경험하였다. 남편에게 최
선을 다했다고 생각해도 죄책감과 부끄러움이 생겨서 밖을 나갈
수가 없으며 경제능력이 없으며 손자를 돌보면서 용돈을 받아서
생활하고 있다.

6. 자료 수집 방법

자료 수집을 위한 심층면담을 실시하기 전에 먼저 질문의 내용을
어떻게 할지 숙고하는 시간을 가졌다. 신경림 외(2004)는 근거이론 자

료 수집 방법으로 비구조적 회고 인터뷰를 가장 적합한 자료 수집 방법으로 제안하였다. 비구조적 회고 인터뷰는 참여자가 처음부터 끝까지 어떤 사건에 대해 이야기를 하는 것으로 연구자가 과정을 확인할 수 있고 이야기식의 자료로서 연속적인 형태를 찾기 때문에 근거이론을 개발하는 데 가장 적합한 방법 중 하나이다. 본 연구에서도 참여자가 자연스럽게 자신의 삶을 회고하도록 개방형 면담을 실시하는 것을 원칙으로 하였다. 자료 수집을 위해서 심층면담과 참여관찰 및 참여자의 지역사회 보건소 담당 간호사의 진술도 참고로 하였다. 인터뷰를 시작할 때는 실질적인 문제를 점검하여 누락되거나 오류를 범하지 않기 위하여 인터뷰 노트의 체크리스트를 작성하여 사용하였고, 참여자가 슬퍼하여 눈물을 보이며 말을 할 수 없을 때는 슬픔을 표현할 수 있도록 말없이 지켜보았으며 참여자 모습을 관찰하였다.

면담기간은 2010년 1월부터 8월까지 약 8개월의 기간이 소요되었고, 인터뷰는 1회에 40분에서 90분까지 소요되었으며 인터뷰 내용은 녹음한 후 연구자가 직접 컴퓨터를 이용하여 필사하였고, 녹음 내용을 다시 들으면서 필사 내용을 검토하는 과정을 거쳤다. 필사하는 데 소요된 시간은 참여자의 억양이나 사투리 사용 등에 따라 차이가 있었으며 보통 1시간 인터뷰를 필사하는 데 걸리는 시간은 약 2~3시간 정도가 소요되었다.

인터뷰의 장소와 일시는 참여자의 편리성에 따라서 결정하였으며 장소는 밭에서 일하시던 중 인터뷰를 하신 참여자 12를 제외하고 모두 참여자의 집에서 실행되었다. 가정에서의 인터뷰는 참여자들의 생활 형편, 배우자가 함께 살았던 공간에 대한 이해와 현재의 삶을 정확하게 볼 수 있어서 인터뷰에 도움이 되었다.

질적 연구 설계 중 종단적 설계에 속하는 근거이론 접근을 위해 2005년 Morse(신수진, 2006 재인용)가 제시한 방법에 따라 1단계 인터뷰에서는 주요 시점부터 지금까지의 과정에 대해 소급해서 이루어지는 역행적 인터뷰를 하였으며, 그다음부터는 시간 간격을 두고 전향적인 인터뷰와 과정에 대한 확인이 중점적으로 이루어졌다. 따라서 자료수집 초기에는 유사성에 근거해서 인터뷰를 진행하고 가설과 이론적 틀을 가정하면서 진행하였고, 후기로 갈수록 차이점을 비교 분석하면서 반대사례와 모순점을 찾아가면서 이루어졌다.

또한 자료 수집과 분석이 동시에 이루어져야 하며 이상적인 접근을 위해서는 2~3주 간격의 시간을 두고 2차 인터뷰에 응하는 것이 가장 도움이 된다(Duffy, Fergoson, & Watson, 1997; 신수진, 2006 재인용)는 것에 기초하여, 애도과정에 있는 참여자의 편의와 전향적 측면을 고려하고 비교분석 시간을 충분히 가지면서 진행하기 위해 2주의 간격을 두고 2차 분석을 하였고 핵심범주 및 과정분석에 대한 가설검증을 위한 3차 인터뷰는 2차 인터뷰와 4주의 간격을 두고 이루어졌다.

2000년 Wimmpeny와 Gass(신수진, 2006 재인용)는 현상학에 비해 근거이론 방법에서의 인터뷰는 비교적 덜 개방적이고 좀 더 구조화되었다고 하였으며 초기에는 일반적으로 참여자의 이야기를 들어 주는 형식에서 후기에는 이론을 유도해 내기 위해 이론적 표본 추출과 함께 좀 더 구체적인 내용에 초점을 둔 인터뷰가 이루어진다고 하였다.

이에 따라 1차 인터뷰 질문은,

· 사별 후 지금까지 어떻게 지내셨는지 이야기해 주세요?
· 지금까지 부부로 함께 살아온 이야기를 해 주세요. 그리고 배우

자의 의미는 무엇인가요?
- 사별 후 지금까지 살아오면서 어떤 변화를 겪으셨나요? 특히 배우자 사별 전과 후의 생활에 변화가 있었나요?
- 사별 후 자녀, 형제 등 가족관계의 변화가 있나요?
- 홀로 사는 동안에 가장 큰 힘든 점이나 아쉬웠던 점이 있었나요?
- 배우자 사별 후 슬픔을 극복하기 위한 노력을 할 때 어려움이나 도움이 되었던 점은 무엇인가요?
- 지금까지 나를 지탱할 수 있었던 것은 무엇이었나요? 등이었다.

이후 2차 이후의 인터뷰에서는 참여자의 말이 잘 이해가 되지 않는 부분을 확인하는 질문이나 신뢰성 확인을 위한 반복질문이 이루어졌으며 구체적으로 발견된 범주나 과정을 확인하기 위한 질문이 이루어졌다.

인터뷰가 끝난 후에는 인터뷰에 대한 참여자의 특징과 태도 그리고 인터뷰 중에 생소한 단어나 특징적인 내용을 메모하였으며, 발음이 부정확하거나 사투리 등 이해가 되지 않는 부분을 확인하기 위한 내용이나 참여자의 연락처 등에 대해 기록하였다.

인터뷰 외의 연구 기간에 참여자가 보건소를 방문하였을 때 얼굴 표정이나 사용하는 언어 등을 관찰하였고, 최근에는 어떻게 지내고 있는지에 대한 이야기를 나누고 이러한 상황을 관찰, 메모하여 분석하는 데 활용하였다.

관찰은 연구자가 연구과정을 객관적으로 바라보도록 해 주고 참여자들이 제공한 정보를 입증하고 해석하는 데 도움이 된다. 관찰한 내용은 순서대로 현장노트로 기록하였다. 현장노트 외에 참여자 각각의 파일을 만들어서 연구자의 개인적인 경험과 느낌, 다음의 연구과정에서 고려해야 할 점을 기록하였다.

7. 자료 분석 방법

분석은 자료 수집과 동시에 순환적으로 이루어졌으며 이론적 민감성과 이론적 표본 추출, 지속적 비교를 통해 이론을 발견하는 과정을 거쳤다. 또한 자료 분석에서 가장 중요하게 요구되는 것은 연구자의 이론적 민감성으로 이는 자료 속에서 중요한 것을 찾아내고, 그것에 의미를 부여할 줄 아는 연구자의 자질이자 능력이다. 이 또한 참여자의 면담과 관찰 자료 속에서 중요한 것을 찾아내고 그것에 의미를 부여하는 능력이 발휘되는 것으로 사별 후 여성 배우자 슬픔 적응에 대한 전문적, 개인적 경험과 학술적 문헌고찰, 자료와의 지속적인 상호작용을 통해서 형성된다(신경림, 2001).

본 연구자는 먼저 자료에서 무슨 일이 일어나고 있는지에 집중하였으며 배우자 사별이 갖는 의미가 어떠한 것인지를 알고자 하였고, 여러 참여자 간의 공통점은 무엇이고 차이점은 무엇이 있는지를 알아내고자 하였으며 차이가 있다면 그 차이는 무엇 때문인지를 스스로에게 질문하였다. 그다음 일반적으로 6하 원칙에 의하여 '누가 사별 후 적응과정에서 도움이 되었는가?', '언제 가장 힘든 한계상황을 느꼈는가?', '어떻게 노력하였는가?', '어디서 도움을 얻을 수가 있었는가?', '무엇이 적응과정에 쓰였는가?', '사별 적응을 통해 얻어진 결과는 무엇인가?'에 대해 질문을 하였다. 이러한 과정에서 상황이 변화되면 어떤 일이 일어날 것인지를 예측해 보는 'what if game'과 플립 플롭기법을 통해 개념을 정교화하고 속성과 차원을 넓히고 이론적 표본 추출에 대한 방향을 얻고자 하였다. 예를 들어 배우자 사별 후 매일 너무 힘들고 살기가 어려워서 죽고 싶은 마음을 먹게 되는 참여자를 살펴보니 힘들게 하는 원인은 경제적인 어려움이었다. 그 참여자에게 '만약에 지금 경제적인 문제가 해결이 된다면 살아가는 데 어떻게 변화되었을까?'라는 식의 질문을 함으로써 이론적 표본 추출을 촉진하고 이러한 개념의 속성과 차원을 발견하였다.

또한 참여자가 항상, 가끔, 절대와 같은 단어를 사용하는 경우 이러한 단어가 포함된 문장이 함축하고 있는 의미가 있거나, 참여자의 신념이나 가정이 내재되어 있는 경우가 많으므로 붉은 깃발 흔들기 기법을 이용하여 그 자료에 대해 '어째서 항상 그런가?', '예외는 없는가?' 등의 더 많은 질문을 할애하였다. 즉, '나는 멍하고 도무지 아무런 느낌도 없고 아무것도 모르겠어요'라고 표현을 한 경우 '멍하다는 표현은 무엇을 의미하는가? 혹은 아무것도 모른다는 것이 슬프지 않다는 의미인지? 슬픔을 표현을 못하는 것인지?'를 질문하여 현재의 상황에 대한 속성과 차원을 규명하였다.

자료 분석은 Strauss & Corbin(1998)이 제시한 개방코딩, 축코딩, 선택코딩의 단계에 따라 분석하였다. 자료 분석은 자료 수집 이후 즉시 실시하였고 구체적인 자료 분석은 각 단계를 순환적으로 반복하기도 하였다.

1) 개방코딩(Open Coding)

개방코딩은 근거자료를 통해 현상에 이름을 붙이고 개념을 도출하고 범주화하는 단계이다(Strauss & Corbin 신경림 역, 1998). 대상자와의 면접내용을 기록한 녹취록과 현장 코딩노트를 면밀히 검토하고 지속적으로 비교 분석하며 개념을 발견하고 발견한 개념을 속성과 차원에 따라 사건, 활동, 상호작용을 중심으로 유사점과 차이점이 묶이는 과정으로 이루어진다. 이 단계에서는 면접 내용을 기록한 녹취록을 지속적으로 검토하며 개념을 발전시키는 과정이며 텍스트를 열어젖혀 그 안에 포함되는 생각과 사고 및 의미가 드러나도록 하는 과정이다.

이렇듯 본 연구자는 근거자료를 한 줄 한 줄 읽어 가면서 자료 내에 숨어 있는 의미 있는 진술에 대해 개념을 명명하는 개념화 작업을 하였고, 원 자료를 면밀히 검토하면서 행간의 의미가 있는 진술들은 줄을 그어 가면서 분석하고 개념을 명명하였다. 개념의 명명은 참여자의 진술을 그대로 인용하기도 하였고 진술 자체가 중요한 개념으로서 가치가 있다고 생각한 개념은 연구자의 이론적 민감성을 통하여 추상적 해석을 통해서 명명하였다.

이후 속성과 차원을 발달시키기 위해서 이론적 민감성을 가지고 지속적인 질문과 비교분석을 실시하였다. 지속적인 비교과정을 통해 개념을 명명하고 개념에 대한 정의와 원 자료를 함께 제시하였다. 이후 이를 추상성을 높여 가며 하위범주로 발달시키고 하위범주의 유사한 것을 고려하여 통합하고 각 범주의 각각의 속성과 차원을 규명하고 모든 범주의 속성과 차원이 이론적으로 포화되도록 자료 수집과 분석을 계속하였고 범주에 대한 정의를 기술하였다.

2) 축코딩(Axial Coding)

축코딩은 범주와 하위범주를 연결시켜 주고 범주를 속성과 차원의 수준으로 계속 발전시키며, 범주의 관련성을 패러다임 모형으로 파악하는 것이다(Strauss & Corbin, 신경림 역, 1998). 축코딩을 하는 목적은 범주들을 체계적으로 발달시키고 연관시키는 것이다. 축코딩은 패러다임에 의한 범주분석과 과정분석이 있으며, 이러한 구조와 과정을 통합시키는 분석 과정이 현상과 연관된 다양한 조건, 작용/상호작용 그리고 결과를 밝혀낸다.

각 범주 간의 관계유형을 밝히기 위해 중심현상의 속성과 정도의 영역, 맥락을 형성하는 범주의 속성과 정도의 영역 사이에 있을 수 있는 모든 상관관계를 정형화하고 이를 근거자료 속의 사례와 대조해 어떤 관계유형이 존재하는가를 확인하는 자료의 체계화 작업을 시행한다. 따라서 시간의 흐름에 따라서 참여자의 배우자 사별 후 적응과정이 어떻게 변화되어 가는지, 변화되지 않는 경우는 그 이유가 무엇인지를 파악하였다.

3) 선택코딩(Selective Coding)

선택코딩은 이론을 통합하고 정교화하는 과정이다. 개방코딩과 축코딩을 통하여 더 높은 수준으로 발전된 추상적인 범주들을 이론의 형태를 갖추도록 통합시키고 정교화시키는 작업이다.

이 과정에서 첫 단계로 핵심범주를 결정하는 것이며, 이 핵심범주는 다른 범주를 끌어내는 힘을 갖고 자료의 윤곽을 전개해 나가야 한다.

핵심범주를 명명하는 과정에서 모든 개념 간의 관계를 통합적으로 설명할 수 있는 포괄적인 개념을 찾기 위해 '이 연구가 무엇에 관한 연구인가'를 알려 주는 응축된 분석요소로서 이루어지는 연구의 중심주제이다.

모든 범주 간의 관계를 통합적으로 설명할 수 있는 포괄적이고 추상성이 높은 핵심범주를 선택하고 핵심범주를 중심으로 모든 범주를 정교화하여 이야기 윤곽을 만들고 가설적 정형화와 관계진술을 통해 이론을 정교화하고 유형을 분석하였다. 상황모형을 통해 중심현상과 관련된 다양한 상황조건과 작용/상호작용에 대한 설명을 제시하였다. 이 과정에서 도표의 활용은 범주 간의 경계를 확인하는 데 도움이 되었으며 때로는 선택코딩 과정 안에서 모순이 발견되어 개방코딩 과정에서 밝혀진 범주가 수정되기도 하였다.

본 연구의 전체적인 자료 분석 과정을 요약하면 다음과 같다. 분석은 연구자가 먼저 첫 번째 참가한 14명의 참여자의 전사를 직접 하였고 전사본을 읽은 후 독립적으로 그 내용을 범주화하면서 코딩 작업을 하였다. 분석 방법은 줄 단위 분석을 사용하여 한 구절, 한 단어까지 자세히 검토하여 개념을 도출하였다. 다음은 문장이나 문단 전체를 분석하면서 그 속에 포함된 중심 생각을 확인하였고 전체 문서를 읽은 후 무엇이 진행되고 있는지 그 유사점과 차이점을 구체적으로 코딩하였다. 그리고 스티커 노트를 이용하여 개념들을 수정하고 추가하였으며 이러한 과정에 새로운 주제가 나올 때마다 이론적 민감성을 바탕으로 수정작업을 거쳐 전사본 42장에 대하여 전체 내용을 처음부터 꼼꼼히 읽어 보면서 좀 더 정확한 개념이 나오도록 노력하였다. 그리고 마지막으로 질적 연구 워크숍을 통하여 자문을 받고 재수정하였으며 수정이 잘되었는지 다시 자문을 받아서 연구결과를 완성하였다.

IV

연구결과

1. 개방코딩

　개방코딩 과정에서는 자료의 개념화 및 범주화와 범주의 속성 및 차원을 규명하였으며 80개의 개념과 28개의 하위범주, 12개의 범주가 도출되었다.

〈표 1〉 근거자료의 범주화

범주	하위범주	개념
울타리가 무너져 내림	남편의 죽음에 얼이 빠짐	정신이 멍함 갑작스럽게 놀람 남편의 죽음이 실감나지 않음
	정서적 감정을 경험함	살고 싶은 생각이 없음 혼자된 것이 부끄러움 홀로 먹는 어려움 혼자인 것이 무서움 남편의 죽음에 죄책감이 생김 고생만 한 남편이 안쓰럽고 그리움
	사회적 감정을 경험함	사람들이 무시하고 깔봄 혼자 있는 것 같음 사람을 피하고 싶어짐
	영적인 감정을 경험함	신을 원망함 신에게 의존함

범주	하위범주	개념
살아생전 부부의 금실 정도	부부금실이 좋았음	관심과 위로를 해 주었음 의지하고 살아옴 아픔을 함께 나눔 남편의 사랑이 넘침
	부부갈등이 심했음	싸우면서 살아옴 원망하면서 살아옴
	소원하게 살아옴	자식 낳고 사는 것이 부부임 소 닭 보듯 살아옴 한 번 맺으면 끝까지 사는 것임
살아생전 부부의 주도권	남편이 모든 일을 주도함	남편이 모든 일을 다 알아서 해 주었음 남편이 없으면 할 줄 아는 게 없음
	아내가 주도적으로 집안일을 꾸려 감	대부분의 일을 남편보다 더 많이 하였음 혼자 가정을 꾸려 감
홀로 여생을 감당해 나감	홀로 감당해야 할 몫이 생김	남편이 하던 일을 감당하게 됨 남편을 대신하여 책임감이 생김 의논할 상대가 없어짐
	홀로 살아야 함	자식에게 피해를 주고 싶지 않음 홀로 살기로 결심함
지원체계	생활 지원	이웃들이 식사를 제공함 자식들이 집안일을 도와줌 자식들이 먹을 것을 지원해 줌 나를 돌보아 줄 사람이 없음
	정서적 지원	자식도 내 마음을 속속들이 모름 이웃이 찾아오지 않아서 외롭게 지냄 자식들이 마음의 위로를 해 줌
건강 상태가 변함	건강이 나빠짐	오랜 병수발로 지침 앓고 있던 질병이 더 악화됨 새롭게 질병을 얻음
	오히려 건강해짐	남편이 병을 거두어 갔다고 생각함 일을 함으로 건강해짐
경제상황	경제적 어려움에 처함	먹고살 것이 걱정됨 자녀의 지원이 풍족하지 않음 병원비 지출로 경제적으로 어려움
	형편이 넉넉함	사는 형편이 좋음 경제적 지원을 자식이 잘해 줌
상황 끌어안기	마음을 달래 봄	스스로 마음을 다독임 감정을 숨기거나 명랑한 척함 타인의 죽음을 보고 위로받음
	남편의 죽음을 받아들임	순명을 다했다고 생각함 남편의 물건을 정리함 산소에 가서 이별을 고함

범주	하위범주	개념
생활의 변화를 시도함	자기 자신 가꾸기	자신의 모습을 가꿈 자신만을 위해 시간을 투자함
	사람에게 다가서기	사람들 속에서 즐겁게 살려고 함 친구들과 함께 지내려고 함 일을 찾으려 함
운명적 수용	슬픔이 일상화됨	노력을 해도 슬픔을 잊을 수가 없음 살아갈 능력이 없음 끝없이 막막함
	운명에 맡김	내 팔자라고 생각함 늙으면 다 죽게 됨 인생을 거스르지 않음 내 앞에서 죽은 것이 잘된 것임
현실에 적응함	현실을 직시함	시간이 지나면 슬픔이 줄어든다는 것을 앎 아직 할 일이 남아 있음을 알게 됨
	적응하려 함	살아가려고 애씀 일상생활에 빠르게 복귀함
미래를 다시 설계함	건강을 지키려 함	건강을 위해 소일거리를 찾음 건강하게 사는 것이 인생의 목표임 일을 조절하면서 건강을 지켜 감
	홀로 살기 위한 방법을 모색함	노후에 사용할 비용을 대비해 놓음 노후의 거취를 계획함
	외부활동에 도전함	노래교실이나 노인대학에 등록함 경로당을 다니기 시작함 적극적 활동을 위해 이사를 하고자 함

1) 울타리가 무너져 내림

'울타리가 무너져 내림'은 배우자 사망을 말한다. 참여자들은 갑작스러운 사고로 남편을 잃었거나, 오랜 질병을 앓고 있어서 미리 남편의 죽음을 준비했거나, 혹은 긴 시간 병을 앓기는 했지만 갑작스러운 질병의 악화로 인하여 배우자를 잃으면서 '울타리가 무너져 내림'을 경험한다. 노년기 부부에게 있어 오랜 세월, 즉 평생을 함께 살아왔다는 것의 가치는 매우 큰 의미가 있다. 부부는 함께 살아온 '그 시간만

큰의 역사'를 가지고 있기 때문이다. 부부는 결혼이란 제도를 통하여 자녀를 낳고 양육을 하고 시부모를 모시고 굴곡진 세월을 함께 헤쳐 나갔으며, 기쁨의 시간을 함께 보내고 새롭게 식구들을 늘리기도 하면서 가족의 역사를 구성해 왔던 주역들이다. 때로는 죽도록 밉고 원망스럽게 살아왔던 부부일지라도, 혹은 너무 고맙고 다정하게 살아왔던 부부였더라도 이들에게 있어 배우자는 그 무엇 이상의 의미가 있었다. 그렇기 때문에 참여자에게 배우자 상실은 하늘이 무너지는 것 같은 느낌이면서 또 다른 자기 자신의 인생이 무너지는 것과 같은 의미가 되기도 한다.

이렇듯 노년기 여성에게 남편이라는 울타리는 다양한 의미를 지닌다. 함께 자식들의 양육을 의논해 왔고, 힘들고 어려웠던 고비를 함께 견뎌 내고 역경을 넘어온 인생의 반려자로서 바람과 추위를 막아 주었던 역할을 남편들은 각기 자신의 능력만큼 모두 수행해 왔던 것이다. '울타리'에는 평생을 함께해 온 인생의 반려자들이 공유하고 느껴지는 수많은 희로애락의 의미가 함축되어 있다. 또한 그동안 한평생 살아온 인생의 추억뿐만이 아니라, 남아 있는 배우자의 미래의 삶을 담고 있기 때문에 더욱 중요한 의미가 있는 것이다.

배우자가 오랜 시간을 질병으로 있었기 때문에 죽음을 예상하기도 했지만, 비록죽음을 예상하였더라도 그 충격은 매우 커서 '얼이 빠짐'을 경험한다. 더구나 갑작스러운 사고로 죽음을 예상하지 못한 채 말 한마디 나누지 못하고 배우자를 상실한 경우 참여자는 그 이전에 경험해 왔던 그 어떤 죽음과도 다른 차원의 '상실'을 경험한다. 참여자 1과 참여자 9는 남편의 갑작스러운 사망에 충격을 받아 얼이 빠진 것처럼 살고 있으며, 남편의 죽음이 실감 나지 않는 참여자도 있다. 영원히 돌아오지 못하는 남편에 대한 안타까움과 그리움에 사무친다.

'울타리가 무너져 내림'을 경험하면서 참여자들은 정서적인 감정을 경험하게 되었는데 그중 강하게 드는 생각은 살고 싶은 마음이 없어진다는 것이다. 모든 것이 귀찮고 자녀들에게조차도 피해가 될 것 같다는 생각에서이다. 참여자는 구차하게 더 오래 살고 싶지 않은 생각을 하기도 하고 또한 능력이 없는 자신 때문에 자녀들에게 행여 피해를 주지나 않을까 싶어서 자살을 생각해 보기도 한다. 구체적으로 자살을 생각해 본 경우도 참여자 3, 참여자 7, 참여자 9가 있다. 이처럼 참여자들은 배우자를 상실함으로 인하여 자신감을 잃어버리고 주눅이 들어 있는 자신의 모습을 본다.

또한 참여자는 사회적 감정을 경험하기도 하는데 평상시에 늘 다니던 마을 길도 동네 사람들과 부딪칠까 봐 두려워 멀리 돌아다니고, 자신의 모습을 초라하게 생각하거나 과부가 되었다는 생각에 자신감을 잃기도 한다. 또한 자신의 보살핌이 적어서 남편이 사망했다고 생각하기도 하면서 남편이 사망한 것을 자신의 탓으로 돌리는 죄책감을 경험하기도 하는데, 이로 인해 자연스레 바깥출입을 하지 못하게 되고 사람들이 자신을 무시하고 깔보는 것만 같아 사람들을 피하게 된다. 또한 일상 속에서 사소한 문제를 경험하는데 그중 하나는 사람이 싫어지고 일상생활의 모든 것이 귀찮아지는 것이다. 또한 참여자들은 혼자인 것에 대한 무서움을 경험하는데 초저녁 때부터 불을 켜놓아야만 불안감을 해소할 수가 있고 문단속에 특히 더 신경을 썼다. 누군가가 쳐다보는 것 같은 생각에 사람이 두려워지는 경험을 하기도 한다. 참여자 14명은 각기 다른 배우자의 죽음을 경험하지만, 어떤 경험이든 배우자의 죽음은 평생을 함께 살면서 자신을 지켜 준 울타리가 무너져 내려 홀로 서 있는 느낌이다.

참여자들은 신을 원망하거나 혹은 신에게 의존하면서 영적인 감정을 경험하기도 한다. 남편의 갑작스러운 사망이나 혹은 지극정성으로 수발을 해 왔던 참여자들은 자신의 감정을 신에게 원망하기도 하였다. 또한 참여자들은 울타리가 무너져 내림의 힘든 감정을 신에게 의지하면서 일상생활을 극복하려고 하였다.

'울타리가 무너져 내림'에 대해 인터뷰 내용으로부터 도출된 개념은 '정신이 멍함', '갑작스럽게 놀람', '남편의 죽음이 실감나지 않음'이며, 이에 도출된 개념의 하위범주를 '남편의 죽음에 얼이 빠짐'으로 하였다. '살고 싶은 생각이 없음', '혼자된 것이 부끄러움', '홀로 먹는 어려움', '혼자인 것이 무서움', '남편의 죽음에 죄책감이 생김', '고생만 한 남편이 안쓰럽고 그리움'으로 도출된 범주는 '정서적 감정을 경험함'을 하위범주로 하였다. '사람들이 무시하고 깔봄', '혼자 있는 것 같음', '사람을 피하고 싶어짐'으로 도출된 개념은 '사회적 감정을 경험함'이라는 하위범주로 정하였다. '신을 원망함', '신에게 의존함'으로 도출된 개념은 '영적인 감정을 경험함'을 하위범주로 하였다. 이에 '남편의 죽음에 얼이 빠짐', '정서적 감정을 경험함', '사회적 감정을 경험함', '영적인 감정을 경험함'의 각각의 하위범주는 '울타리가 무너져 내림'이라는 범주로 하였다.

■ 남편의 죽음에 얼이 빠짐
심장으로 여러 해를 고생했어요. 근 10년도 더 되었을 거예요. 근데 맨날 숨이 가빠서 쉬고, 자다가도 숨이 가빠서 쉬고, 그렇게 힘들어하면서 7~8년 이상을 아프면서 살다가 작년 가을에 숨이 가빠서 병원에 가니 혈관이 막혔다고 하고 두 군데를 뚫었다고 해서 조금 나아졌지요. 그리고 집으로 와서 이제 한 번만 더 병원엘 가면 되겠지 하고 있던 참이었는데…… 본인도 죽을 줄 몰랐고 나도 죽을 줄은 몰랐는데 갑작스러운 통증에 병원을 가니 영양제도 못 맞고 정신 하나 잃지 않고 죽으면서도 말을 다하고 죽을 것도 같지 않더니만 금방 죽어 뿌리데요. (참여자 1)

그게 막막해요. 어떻게 살아야 할지 얼이 빠져서 살지요. 딸들이 전화를 하면 니네들이 내 맘을 어떻게 아냐고 하고 일방적으로 전화를 끊어 버려요. 아무런 생각이 없어요. 어떻게 살아야 하는지 도무지 낮에는 그냥 일하고 앉아 있고 이렇게 우두커니 앉아서 아무 생각이 없어요. 그냥 평생을 함께 살던 남편을 생각하기만 하면 기가 막히고 눈물만 나지 아무런 생각이 없어요. 얼이 빠져 있는 거지 뭐. (참여자 9)

아무 생각도 없이 살았어. 남편이 없어서 심심한지, 있었으면 좋겠다든지 뭐 그런 것도 모르고 그냥 정황 없이 살았어. 아무 정황 없이 시간이 가고 그냥 그렇게 벙벙하게 살았어. 느닷없이 돌아가셔서 그런지 실감 나지도 않고 아무 생각도 없고 슬픈 것도 모르고 갑작스럽기만 하지. (참여자 12)

당해 봐야 알지 아무도 몰라요. 아직도 사진을 보고 마음속으로 영정사진 보면서 이야기를 하지만 알아나 듣나요? 갔다 온다고 해도 못 알아듣지요. 당해 봐야 아는 것이지 젊어서는 잘 몰라요. 죽었다는 생각이 안 들고 남편이 없다는 생각도 안 들고…… 실감이 안 나지……. (참여자 13)

■ 정서적 슬픔을 경험함
남편을 대신할 만한 것은 아무것도 없어요. 남편을 따라가야겠다고 처음엔 생각했는데 따라가지나? 따라 갈라고 해도 안 가지고 같이 갔으면 좋겠더라고요. 나 혼자 밥 끓여 먹고 어찌 있을꼬? 하니까 누가 그러대요. 혼을 내면서 억지소리고 억지소리지 같이 갈 수 있는 길이 아니라고 하더라고요. 매일을 그렇게 따라가고 싶다고 생각하면서 하루하루를 지내면서……. (참여자 1)

할아버지 살았으면 좋지. 죽는 것은 못 말리잖아요. 대신은 못 죽고 내가 먼저 죽었으면 좋았을 텐데 안 죽으니 어떻게 해. 무슨 약

같은 것 먹고 죽는 것은 죄가 많아요. 그래서 그렇게는 못 하겠더라고요. 막상 그렇게 할 수도 없고…… 죽고 싶은 생각을 실제로 했지요. 실지로 약을 먹고 죽으려고 했어요. 나 하나 없어지면 그만이지. 아들이 잘살면 괜찮을 텐데…… 잘살면 돈도 갖다 주겠지만 애들도 힘들고 어려워서…… 그리고는 어디를 걸어 다녀도 풀이 죽어서 기운이 없어요. 저절로 자꾸 마음속에서 일어나요. 자신이 없고 자꾸 주눅이 들어요. 혼자된 것이 자꾸 죄스럽고 자격지심이 생기고 그래요. (참여자 3)

내 몸 상태를 봐요. 살면 살수록 고통스러운데 한 번 잠깐 참으면 어떨까? 하면서 자살을 생각해 봤어요. 극단적으로 해 보지는 않았는데 많이 생각을 하지요. 죽을까 말까 그런 생각이 들어요. 막내 딸하고 머슴아가 아직 결혼을 하지 않았는데 그것들을 보내고 가야 하나? 이제 나이는 먹었고 지들이 앞길을 가리고 사는데 내가 죽으면…… 잠깐이면 편할 텐데…… 하는 생각이 들어요. (참여자 9)

위로 전이가 되어서 고치려고 하다가 결국 갔는데 본인도 살려고 했고 나도 살리려고 그렇게 애를 썼는데 노력은 했는데 안 되더라고요. 그게 좀 외롭고 남 보기가 고치려고 하더니 못 고치고, 혼자 산다고 하는 것 같고, 다 내 죄인 것 같고. 자격지심일지 몰라도 남들이 다 나를 죄인처럼 보는 것 같아서 특별한 일이 아니면 나가질 않아요. (참여자 9)

내가 뒷바라지를 잘 못해서 먼저 갔나 싶어서 내가 너무 큰 죄인 같아요. (참여자 9)

명이 짧아서 그렇게 너무 빨리 갔다는 것이 안타깝고 아쉽고 한데…… 그렇게 고생 고생하면서 죽을라고 하면 살려 놓고, 또 죽을라고 하면 살려 놓으니까 그래서 괜찮을 줄 알았는데 그렇게 빨리 가니…… 내가 좀 더 잘하지 못해서 그런 것이 아닌가 하는 생각도 들고…… (참여자 14)

무서워서 해 떨어지면 저녁이 되면 고얀히 나를 들여다보는 것 같고 불안해요. 혼자 있으니께 문 잠고 불은 다 켜 놓고 밖에는 나가기 싫어요. 그냥 마음이 그렇게 싫어요. 마음이 그렇게 생겨요. 커튼을 다 치고 문 꼭꼭 잠그고 그랬지요. 무서워서요. (참여자 13)

나도 허리도 못 쓰지 다리도 못 쓰지. 내가 어떻게 할 수가 있어야지. 그렇게 8년을 수발하고 마지막에 요양원에 보냈는데…… 어찌겠냐고. 내가 할 수가 없고 깔끔하게 돌보지도 못하겠고…… 같이 살다가 살뜰하게 살펴 주지 못해서 정말 미안하고. 그렇게 요양원에 보낸 것도 미안한데…… (참여자 2)

■ 사회적 슬픔을 경험함

넘 보기 주체스럽고…… 혼자 사느라고 주체스럽지. 그게 얼마나 안 좋아요. 남이 나를 깔보는 것 같고 아니 깔보아질 테지요. 그 사람들이 나보고 안 해도 느껴지고…… 느껴지고말고요. 내가 왜 이리 됐나 싶고요. 남이야 나 듣는 데는 안 해도 내 생각이 그렇지요. (참여자 1)

별거 아닌 것 같았던 남편도 막상 의지가 되더라. 다른 사람들이 나를 하찮게 보고 맘 놓고 심술 떨고 그러는 것이 다 그것이지. 자식들이 함께 살지도 않고 남편이 돌아가니 그런 생각이 들어요. 들고말고…… 그런 것이 분하더라고요. (참여자 2)

남편이 사망한 후 나는 나서기도 싫고 자꾸 움츠러들고 그런 거예요. 공연히 남부끄럽고 자신감이 없고 그러니까 주눅이 들고, 공연히 내가 자꾸 그런 생각이 들지요. 그러니까 사람이 많은 데를 가고 싶지도 않고 또 자꾸 피해지고…… (참여자 14)

사람이 무서운 거여. 그래도 든든한 남자가 있으면 안 무섭잖아. 그러면 든든하고 그렇지. 남편이 울타리지. 그런데 남편이 없으니 든든한 뭣이 없잖아. 남들이 나를 깜보는 것 같지요. 그런 생각이 들어요. 무시하는 것 같고 아무케도 그런 것 같지. 근데 혼자 그렇게 생각하는 것 같아. (참여자 6)

■ 영적인 슬픔을 경험함

나는 종교도 뭣도 믿는 사람도 아니지만 난 이럴 때 신이 있다면 다 거짓말 같아요. 이렇게 착하고 착한 남편을…… 다 들어 봐요. 동네 사람이 다 이르지요. 법 없이도 살 것 같다는 사람을…… 그런데 이렇게 빨리 데리고 가 쁘리니까 신이 정말 원망스럽지요. (참여자 9)

나 좀 살려 달라고 나 좀 살려 달라고 애원을 하지요. 남들처럼 남
들 밥 먹을 때 밥 먹고 남같이 활발하게 살게 해 달라고 묵주 기도
하지요. (참여자 3)

할아버지가 없으니까 고독하지요. 고생스럽기는 하지만 그래도 교
회 다니면서 그렇게 살아요. 나는 교회 없으면 죽었을 거예요. 종
교생활하면서 기도하고 찬송하고 목사님한테 의지하고 그렇게 믿
음으로 고독함을 달래고 있어요. (참여자 8)

하루 종일 교회에 다니는 것이 하루 일과지요. 어디 가지도 않아요.
근데 남편은 교회를 안 가서 걱정이에요. 지옥으로 떨어질까 봐 걱
정이 돼서 늘 기도를 해요. 슬플 때 위로는 기도가 위로가 돼요. 다
하나님이 주관하니까요. (참여자 13)

2) 살아생전 부부의 금실 정도

참여자들의 살아생전 부부의 금실 정도는 다양하게 나타난다. 인
생의 반려자로서 서로의 아픔을 위로해 주고 심정을 알아주면서 살
아왔고 부부가 함께 의지하고 남편의 넘치는 사랑을 느끼며 살아온
금실이 좋은 참여자가 있다. 또한 서로 평생을 악연을 만나서 사는
것처럼 서로 의견이 안 맞고 서로 미워하며 싸우며 살아온 부부도 있
다. 또한 부부가 서로 소 닭 쳐다보듯이 관심 없이 지내면서 남편 살
아생전에 소원하게 살아온 참여자도 있다. 이들 부부는 '다 그런 것
이지 뭐 특별할 것이 있어야만 부부일까?' 하면서 '부부라는 것은 한
번 맺은 인연을 평생 함께해야 하는 것이고 아이를 낳고 키우며 살아
왔다면 그것이 부부지'라고 생각하며 소원하게 살아왔다. 이렇게 살
아생전의 부부금실 정도는 배우자를 사별한 후 슬픔에 적응하는 과
정에 영향을 미친다.

부부금실이 좋은 경우 참여자가 느끼는 울타리의 무너짐 정도는 더 큰 충격이 된다. 또한 함께 살아오는 동안에 많이 싸운 부부는 시원하게 남편의 죽음을 받아들일 수 있다고 생각했지만, 그럼에도 남편의 사망은 아쉬움과 원망감 그리고 죄책감으로 이어졌고, 다시는 돌아오지 못한다는 것을 실감하면서 살아생전 싸우면서 지냈던 부부관계를 아쉬워한다. 그토록 미워했지만 남편이 사망하고 나서야 뒤늦게 남편이 그동안 자신을 지켜 주었던 소중한 울타리였음을 알게 된다. 부부금실이 특별히 무엇인지 모르고 열심히 일하고 자녀를 양육하는 것이 그저 부부의 생활이라고 생각했던 참여자의 경우에도 그동안 남편이 묵묵하게, 성실하게 자신의 역할을 해 왔던 것이 바로 자신의 울타리였음을 깨닫는다. 부부금실이 좋고 나쁨에 관계없이 참여자들은 남편이라는 울타리가 무너져 내림을 모두 충격으로 반응하고 소중했던 울타리였음을 깨닫게 된다. 그럼에도 참여자들의 살아생전 부부의 금실 정도는 '홀로 여생을 감당해 나감'에 있어서 각기 다른 영향을 주고 있다.

'관심과 위로를 해 주었음', '의지하고 살아옴', '아픔을 함께 나눔', '남편의 사랑이 넘침'의 하위범주는 '부부금실이 좋았음'이었다. '싸우면서 살아옴', '원망하면서 살아옴'은 하위범주를 '부부갈등이 심했음'이라고 하였다. '자식 낳고 사는 것이 부부임', '소 닭 보듯 살아옴', '한 번 맺으면 끝까지 사는 것임'은 '소원하게 살아옴'으로 하위범주를 정하였다. 이들 '부부금실이 좋았음', '부부갈등이 심했음', '소원하게 살아옴'의 각각의 하위범주는 '살아생전 부부의 금실 정도'로 범주화하였다.

■ 부부금실이 좋았음

남편은 나에게 고만 남편으로서 자기 의무를 다하는 남편이었지요. 인정이 많고 자상스러워서 힘든 것은 하지 말라고 하고 남편이 혼자서 다하고 내더러 이거 하라 저거 하라 소리 한 번 없고 아를 못 낳았어도 얼굴을 붉히지 않고 다정하게 살자고 했지…… (참여자 1)

남편이 인생의 반려자고 최고이고 그러니께 부부가 최고지요. 남편도 서모 밑에서 자랐고 나도 서모 밑에서 자랐으니 서로 불쌍히 여기고 그렇게 살았던 거지. (참여자 8)

우리 집 아저씨는 뭐 부락에서도 좋은 사람이라고 인정받았지요. 자상하고 나한테도 잘하고 논일 밭일도 나는 시키지 않고 평생 밥만 해 먹고 살았지 나한테 아무것도 시키지 않았지요. (참여자 9)

내가 19살에 시집을 왔어. 19살이 뭘 알아. 내가 서모한테 서럽게 살았는데 그런 나를 데려다가 시집을 와서 사랑받고 살았잖아. 우리 집 할아버지가 가겟집에서 '우리 아기 먹을 것 줘요' 그러면 그게 나를 주려고 과일을 산 거야. 그러면 그걸 사서 대롱대롱 사 갖고 오는 거야. 그렇게 살았어. 부부밖에 없어요. 그럼 부부밖에 없지요. (참여자 4)

■ 부부갈등이 심했음

그래도 싸워 가면서 살아왔기 때문에 싸운 것도 정이고 미운 것도 정이고 고운 것도 정이라더니 왜 그렇게 싸우고 살았는지. 우리는 정말 매일 싸우기만 하고 살아온 것 같아. 아니 그렇게 살았어. (참여자 2)

다른 부부들은 맘이 맞아서 마누라 하자는 대로 하고 살았으면 마음이 합의해서 사나 싶고 부럽지. 내 말은 통 듣지를 않고 산으로 가라고 하면 밭으로 가고 통 일찌감치 들으려고 하지를 않으니…… (참여자 7)

내가 살아온 것은 말도 하지 못하지. 세월이 슬프고 원망스럽고 정말이지 세월 보낸 것도 억울하지. 남편이 죽고 났는데 인정머리 없던 남편이 정말 미웠지. 우린 그렇게 죽어라 미워하면서 살았어. (참여자 6)

■ 소원하게 살아옴

부부가 뭔지를 생각도 못하고 살아왔지. 의무로 만나서 살고 애 낳고 키우고 그랬어. 부부가 뭔지 그냥 그렇게 살았어. 그렇게 사는 것이라고 생각했지. (참여자 12)

지금덜은 조금 살다가 이혼하고 그러는데 살기 싫다고 이혼하는 것은 애초부터 부부가 아니야. 애초부터 진짜 남편이 아니고 진짜 아내가 아니라고 생각해요. 부부는 함께 사는 것이지. 끝까지 참고……. (참여자 11)

딴 데 한눈 안 팔고 열심히 살았으니까요. 애들하고 열심히 성실히 나쁜 짓 하지 않고 살았지요. 그 집에서 사람은 여자고 남자고 한번 맺었으면 그냥 사는 거지 틀린다고 살기 싫다고 헤어지고 나가는 것은 아닌 것 같고……. 그것이 부부지요. (참여자 13)

남편이 짜지 않고 재미스럽게 늙어 갔다면 재미스럽게도 살아 봤으면 할 건데. 본 승질이 그래서 남에게는 고약하게 안 했어도 나한테는 소 닭 보듯 그렇게 살았지요. 아휴 살아온 세월은 말하지도 못하지요. (참여자 10)

3) 살아생전 부부의 주도권

살아생전의 부부의 주도권은 부부가 함께 살면서 가족을 구성하고 가족을 위하여 남편이 사망 직전까지 평생을 살아오는 동안에 가정생활이 누구 중심으로, 누가 더 많은 부분에서 치중하였는가를 말한다. 즉, 살아생전에 남편을 중심으로 아내가 남편의 의견에 따르고 존중하면서 생활을 하였는지 혹은 아내를 중심으로 생활하면서 남편보다 아내가 더 주관적으로 가정사의 일을 꾸려 나갔는지를 말한다.

남편의 영향력이 더 큰 참여자의 경우는 참여자 1, 2, 4, 5, 9, 10, 11, 13이 있었고 아내가 더 큰 영향력을 주었으며 아내가 주도적으로 살림을 꾸려 나간 참여자는 참여자 3, 6, 7, 8, 12, 14로 나타났다.

'남편이 모든 일을 다 알아서 해 주었음', '남편이 없으면 할 줄 아는 게 없음'의 개념은 '남편이 모든 일을 주도함'으로 하위범주를 하였다. '대부분의 일을 남편보다 더 많이 하였음', '혼자 가정을 꾸려 감'의 개념은 '아내가 주도적으로 집안일을 꾸려 감'으로 하였으며, '남편이 모든 일을 주도함', '아내가 주도적으로 집안일을 꾸려 감'의 하위범주 를 좀 더 추상화하여 '살아생전 부부의 주도권'으로 범주를 정하였다.

■ 남편이 모든 일을 주도함

내가 생각해 보니 부모는 내가 커서 내가 부모를 떠날 준비를 해서 그런지 서럽고 허전해도 지금처럼은 아닌 것 같아요. 내가 실제로 너무 이 사람을 기대어 살은 기라. 남편을 대신할 것이 아무것도 없어요. (참여자 1)

나는 원래 무서움이 많아서 늘 제 할아버지 살아 있을 때에도 걱정 을 했지. 어떻게 살아갈 거냐고 다들 그랬지. 남편이 그렇게 가니 께 정말 어떻게 살아야 할지를 모르겠는 거야. (참여자 2)

우리 집 아저씨는 좋은 사람으로 인정을 받았지요. 큰소리 한 번 내지 않고 애들한테도 다정하고. 내가 몸이 안 좋기 때문에 일을 시키지도 않고 돈 관리도 해 주고 나는 밥만 해 먹으면 되었지요. 그저 의지하고 살았지요. (참여자 9)

■ 아내가 주도적으로 집안일을 꾸려감

내가 한 발짝이라도 안 움직이면 뭐 하나라도 할 수가 없었지. 마 누라가 애쓰고 일하고 땡볕에 나가서 일하고 했지. 할아버지는 그 저 여름에도 시원한 데 앉아서 책이나 읽으면서 살았지. 험한 일도 하지 않고 살았지. 근데 나는 그때도 내가 살림을 다 맡아 왔지. 소 쟁기를 내 나이 사십 오십에도 다 끌고 다녔으니…… 그렇게 살아 왔지. (참여자 6)

성격이 얘기할 것도 없이 착하고 아무도 남한테 듣기 싫은 소리 한 번 못했으니까 착하기 그만이었지. 그렇게 착하게만 살다 보니까 실속 없이 살 수밖에 더 있어? 그러니 내가 나설 수밖에 없었지. (참여자 7)

그동안에 사느라고 지지고 볶았지요. 애들 가르치고 아무것도 없이 몸으로 벌어먹었지요. 애들 아버지가 아주 일찍부터 병을 얻어서 거의 일을 할 수가 없으니까 내가 혼자서 일하고 병수발을 하고 그렇게 살았지요. (참여자 14)

4) 홀로 여생을 감당해 나감

울타리가 무너져 내림을 경험하게 된 참여자는 살아생전의 부부의 금실 정도 혹은 살아생전 부부의 주도권에 따라서 '홀로 여생을 감당해 나감'의 과제를 받게 된다. 이들 참여자들은 서서히 슬픔을 경험하면서 시간이 흘러감에 따라 슬픔을 딛고 일어서야 함을 느끼기 시작한다. 그동안 남편이 하던 소소한 일상생활의 역할부터 남편이 해왔던 농사일까지 혼자 감당하게 된다. 농사일은 혼자 할 수 없으며 부부가 함께 평생을 같이 도와주며 해 왔던 일이지만 남편의 상실로 인하여 이제는 참여자 혼자서 감당해야 하는 몫으로 남게 된다.

본 연구의 참여자들이 살고 있는 지역은 모두 농촌지역이다. 아파트에서 살고 있는 참여자 14를 제외하면 참여자가 살고 있는 곳은 모두 일반 농가 주택이다. 따라서 농촌지역의 특성에 따라 주택 주변은 작은 텃밭 가꾸기나, 주택주변의 잡초라도 제거해야하는 환경으로 참여자 각자마다 작은 농사일을 하고 있었다. 그렇게 때문에 대부분의 참여자는 남편과 함께 평생을 살아온 생활터전에서 남은 인생을 살아간다는 것이 도시지역에 살고 있는 홀로된 여성 노인의 삶과는 사뭇 다르다. 대부분의 참여자는 남편과 함께 지어 왔던 농사일을 그대로 이어받아서 한다. 건강상의 이유로 농사일을 하지 못하는 참여자는 자식이나 다른 사람에게 맡겨서 농사일을 하게 된다. 또한 큰 농사일을 하지 않더라도 집 주변에 있는 텃밭 정도는 참여자 전원이 모두 짓고 있었다. 건강상의 특별한 문제가 있지 않는 참여자는 농사일을 모두 예전처럼 그대로 지으면서 고스란히 남편의 역할을 대행하고 있다. 혹은 건강상의 문제가 있다고 하더라도 집안형편이 여의치 않아 농사일을 할 수밖에 없는 참여자도 있고, 또 자녀들의 도움을 받아서 큰 농사일은 해결을 하고 있지만 자잘한 일들은 홀로 남은 참여자의 몫으로 그대로 남아 있는 경우도 있다. 건강 악화나 혹은 건강상의 문제가 특별히 없더라도 높은 연령과 여성이라는 취약점을 안고서 농사일을 하는 것은 매우 힘든 일이 아닐 수 없다.

그러나 농사일을 하면서 건강을 지키고 보람을 찾는 참여자도 있다. 이들 참여자는 자녀들을 위해서 조금 더 건강이 허락하는 날까지 일을 하여 도움을 주고자 하는 마음이 있다. 또한 남편을 대신하여 부모의 역할에 책임감을 갖게 되었는데 특히 미혼의 자녀가 있을 때는 책임감이 스스로 더 강화됨을 인식한다.

참여자들은 슬픔에만 빠져 있을 수 없는 현실을 직시하면서 혼자 살 수밖에 없는 상황을 알게 되고 더 이상 자식에게 피해를 주지 않으려고 결심을 하면서 일상생활에 빨리 복귀할 수 있도록 노력을 한다. 자녀들과 같이 살 수 없는 상황이거나 혹은 스스로 홀로 살기를 결심하면서 '홀로 여생을 감당해 나감'을 실행하게 된다.

홀로 여생을 감당해 나감에 대해 인터뷰한 내용으로부터 도출한 개념은 '남편이 하던 일을 감당하게 됨', '남편을 대신하여 책임감이 생

김', '의논할 상대가 없어짐'은 '홀로 감당해야 할 몫이 생김'으로 하위
범주를 정하였다. '자식에게 피해를 주고 싶지 않음', '일상생활에 빠
르게 복귀함', '홀로 살기로 결심함'의 개념은 '홀로 살아가야 함'으로
하위범주를 하였다. '홀로 감당해야 할 몫이 생김', '홀로 살아야 함'
의 각각의 하위범주는 추상화하여 '홀로 여생을 감당해 나감'으로 범
주를 정하였다.

■ 홀로 감당해야 할 몫이 생김

글쎄 아침에 5시에 일어나서 풀 깎고, 콩 심고, 깨 심고 그런 거 하
느라고 하니께 저녁에는 피로해서 근력이 없고 그러니께 그냥 이
런 때도 들어오면 밥이라도 한 사발 꺼내 먹고 자야 하는데 너무
피곤하면 그냥 자요. 이것이 다 내 담당이니께 어떡혀. 나밖에 일
할 사람이 없잖아. 그러니 돌아다녀야지. 어디 밭을 묵힐 수는 없
잖아. (참여자 10)

될 수 있으면 일을 안 하고 싶어도 안할 수 있나? 촌에서 살면서
눈으로 보고 안 할 수는 없잖아. 다리 질질 끌고 지팡이 짚고 올라
다니면서 일을 하는 게 내가 서러워. 일하는 게 너무 서러워. 안 하
면 그게 다 풀로 자라고 내가 약통 지고 풀 약을 주려면 너무 힘들
어. (참여자 2)

농사를 남을 주면 뭐 남는 게 있시유? 뭐 남는 게 있어야지유. 다
도지를 주고 남을 주었는데 정말 도지가 싸요. 남편이 없으니까 힘
이 들어요. 근처라도 매야지요. 팔다리가 아파요. 이렇게 일을 안
하면 좀 괜찮은데 좀 돌아다니면 팔다리 아파서 밤이면 밤새 잠도
못 자고 앓아요. (참여자 13)

힘들어도 농사를 지어서 수확을 얻게 되면 매우 기쁘고 재미나지.
힘들긴 힘들어. 그래도 내가 지은 농사가 잘되면 좋지. 보람도 있
지. 남편 대신에 잘한 것 같고. 또 그렇게 해야 먹고살기도 하고.
(참여자 12)

남편이 있는 것과 없는 것은 큰 차이지. 남편의 역할이 있잖여. 아버지로서 또 집안의 가장으로서……. 내가 그것까지 신경 써야 할 테지. 걱정이여. (참여자 7)

아버지가 가고 결혼식이 있었는데 뭐라고 말을 할 수가 없지요. 아버지 49제였는데 예식장에는 약속을 하고 갔지. 울지 않기로 하고 애들이 다 참아서 예식장에서는 눈물을 안 보이고 집에서만 울었지. 머슴아가 아직 결혼을 하지 않았는데 남편을 대신해서 내가 잘해야지. (참여자 9)

■ 홀로 살아야 함
둘째아들하고 큰딸이 자기네 집으로 오라고 하는데 그래도 싫다고 했어. 그래도 혼자 있는 것이 낫지? 외로워도 혼자 있는 것이 낫지? (참여자 6)

지금 생각하면 지금은 좀 이르고 한 5년 정도 있다가 내가 혼자서 머리도 못 감고 얻어먹어야 한다 생각할 때 그때는 양로원에 갈 생각이 있지. 내가 생각해도 지금 허리는 구부러졌어도 지금은 아니고 조금 더 있다가 그렇게 해야지. 시골서 살기는 힘들어. (참여자 1)

애들이 어떻게 할 각오가 안 나선대. 애들도 그러지도 못하고 저러지도 못하고 하는데……. 내가 현실을 아니까 결심을 했지. 몸은 아프고 혼자 살 각오도 없지만 혼자 살 각오를 해야. 그래서 내가 그랬어. 혼자 살기로 결정을 했다고……. 그래야 애들이 잘살지. 직장도 다니고. (참여자 5)

애들한테도 말을 못 하지. 그동안 뒷바라지한 게 어디여. 자꾸 손을 벌려도 안 되고 또 지들도 뭐가 있어야지. 내가 손 안 벌리고 나 나름대로 살면서 자식들한테 피해를 주지 말아야지. (참여자 4)

아들이 자수성가해서 집 장만하고 사는 게 안쓰럽기까지 한데 내가 부담이 되면 안 되지요. 애들한테 속 썩이지 않고 그렇게 살아야지요. (참여자 14)

5) 지원체계

　홀로된 여성 노인에게 있어서 사회적 지지는 정도에 따라서 서로 다른 형태로 현재의 삶을 만들게 된다. 사회적 지지는 생활 지원 정도와 정서적 지원 정도로 나누어졌다. 참여자들은 얼마나 질적으로 풍부한 가족들의 지지와 이웃들의 지지가 있는가에 따라 배우자를 잃은 슬픔을 극복하는 데 도움이 되었다. 아무도 돌보아 줄 사람이 없다는 것 때문에 마음이 아프기도 하고 막막하기도 하지만 이러한 슬픔에 빠져 있는 참여자는 대부분 생활지원을 받는다. 홀로 밥을 먹기 어렵거나 잠을 혼자 잘 수 없을 때 이웃의 적극적인 지원은 살아가는 데 도움이 된다. 특히 참여자가 힘들고 어려울 때 자녀 혹은 이웃이나 친구들이 찾아와서 홀로 지내는 참여자를 위하여 반찬을 준비하거나 청소를 해 주고 식사를 제공해 주며 참여자에게 도움을 주기도 한다. 참여자들에게 정서적 지지는 배우자 상실에 적응을 할 수 있도록 하고 홀로 여생을 감당해 나갈 수 있도록 용기를 준다. 자녀들의 방문이나 전화를 통한 위로는 배우자 상실에 적응해야 하는 참여자에게 도움이 된다.

　참여자들은 자식들의 지지가 위로가 되며 쓸쓸하게 지내는 시간에 도움이 된다고 진술하면서도 한결같이 아무리 잘해도 자식은 자식일 뿐 그래도 남편만큼 내 맘을 알아주지 못하며 또 속속들이 자녀들에게 속마음을 털어놓을 수 없는 것이 자녀와의 관계라고 진술하였다. 간혹 평소에 빈번하게 찾아오던 이웃들의 발길이 끊어져 쓸쓸함과 외로움을 경험하면서 슬픔이 더욱 극대화되기도 한다.

　'지원체계'에 대한 인터뷰 내용으로 도출된 개념은 '이웃들이 식사를 제공함', '자식들이 집안일을 도와줌', '자식들이 먹을 것을 지원해 줌', '나를 돌보아 줄 사람이 없음'의 개념은 '생활지원'으로 하위범주 화하였다. '자식도 내 마음을 속속들이 모름', '이웃이 찾아오지 않아 서 외롭게 지냄', '자식들이 마음의 위로를 해 줌'의 개념은 '정서적 지원'이라고 하위범주로 하였다. '생활지원', '정서적 지원'의 하위범 주는 '지원체계'로 범주화하였다.

■ 생활지원
그래도 아랫집 아줌마가 지 집 문 잠가 놓고 여기 와서 같이 자요. 자고 가지 않으면 혼자 잠을 잘 수가 없어요. (참여자 1)

주변사람들이 하도 불러서 요즘엔 동네에 돌아다니면서 점심하고 저녁을 얻어먹어요. (참여자 4)

아들이 농사를 지러 오지 가끔씩 오고 왔다 갔다 하지. (참여자 10)

애들은 반찬도 사다 놓고 과일도 사다 놓고 잘 해요. (참여자 13)

반찬은 가끔씩 해 주고 딸들이 와서 청소랑 빨래도 해 놓고 가지. (참여자 5)

우리 집 냉장고 좀 봐요. 별것 다 있어요. 남들은 먹어 보지도 못하 는 것 별것 다 있어요. (참여자 8)

젤로 답답한 것은 돈을 어떻게 빼는지 그런 걸 몰라 가지고 사는 데 자신이 없어요. 그래서 지금까지도 애들이 다 해 주지요. 애들 이 카드 만들어다가 주고 배우라고 해도 배우기가 싫고…… 그래 서 딸이 와서 돈을 찾아다 주고 하지요. (참여자 9)

■ 정서적 지원
제 엄마 혼자 있으니까 자주 오지는 못해도 그냥 전화는 잘 오고 하루에도 한두 번씩 오지. (참여자 2)

자녀들이 전화도 하고 그러면 아무케도 마음으로 애들이 전화하고 찾아오고 하면 아무케도 위로가 되지. (참여자 5)

자식들이 찾아오면 아무래도 낫지요. 위로가 돼요. 자식은 아무리 잘해도 자식이고 품안의 자식이지요. (참여자 14)

아이들이 있으면 그리 허전하지는 않을 테지요? 그지요? 아이들이 있으면 아무사 들여다보기도 할 테고 한 번이라도 볼 텐데 허전해서 뭐. (참여자 1)

자식도 모르지. 자식 앞에 눈물 못 보여. 눈물 보이면 자식들이 엄마가 눈물이라도 뵈면 무슨 일이 있으려나 조심스러워서 그저 찬찬히 잘 가라고나 하고……. 내가 눈물이나 흘리고 있어 봐요. 자식들이 좋겠나? 그래서 나는 자식 앞에서 눈물 안 흘려요. (참여자 11)

딸들이 전화를 하면 너희 내 맘을 어떻게 아니? 하고 일방적으로 전화를 끊지요. (참여자 9)

동네사람들이나 주변사람들이 남편이 죽고 내가 아프니께 남들이 참 뭐하는 것 없고 위로나 뭐 그런 것 없어. 다 저 살려고 하지. 뭐 남들이 뭐 위로해 주고 그런 것 없어. 혼자 그냥 살아. 동네가 외져서……. (참여자 5)

위로해 줄 사람이 하나도 없어요. 형제고 자매고 없시유. 없시유, 누가 있어야지요. 아이들은 말로만 엄마 일하지 말고 정신 차려야지 하지만……. 뭐 지들 사느라 바쁘고……. 왜 그렇게 사는지 몰라요. (참여자 7)

6) 건강 상태가 변함

참여자는 남편의 사망을 겪으면서 건강에 변화를 경험한다. 노년기 여성은 이미 건강상의 문제를 여러 가지 갖고 있는 경우가 많다. 그러나 '건강에 변화가 생김'은 남편의 사망 후에 경험하게 된 다양한 건강상의 변화를 의미한다. 참여자들은 남편의 병수발로 이미 심신이 많이 지쳐 있다. 갑작스러운 사망을 한 경우를 제외하면 대부분은 몇 년 이상의 질병, 즉 암, 뇌졸중, 치매 등 만성질환을 앓고 있었기 때문에 참여자는 병수발로 이미 심신이 지쳐 있다. 이미 질병을 앓고 있었던 참여자의 건강은 점차 악화되기에 적당한 조건을 갖게된다. 특히 특이할 만한 건강상의 변화는 남편의 사망으로 새로운 질병을 얻은 것이었는데 대부분의 참여자는 일시적인 가벼운 질환부터 치료를 받아야 하는 중증의 질환까지 남편의 사별과 동시에 질병을 얻게 되는 경험을 한다.

이와는 달리 참여자 10, 11인 경우에는 앓고 있던 질환들이 사라지면서 건강해진 것을 경험하는데, 이들은 남편이 건강을 지켜 준 것으로 생각하거나 책임감으로 일을 하면서 질병이 회복되었다고 믿는다.

'오랜 병수발로 지침', '앓고 있던 질병이 더 악화됨', '새롭게 질병을 얻음'은 '건강이 나빠짐'으로 하위범주를 정하였다. '남편이 병을 거두어 갔다고 생각함', '일을 함으로 건강해짐'은 '오히려 건강해짐'을 하위범주로 하였다. '건강이 나빠짐', '오히려 건강해짐'의 각각의 하위범주는 '건강 상태가 변함'으로 범주화하였다.

■ 건강이 나빠짐

남편 병원 생활할 때부터 식도염이 있다고 약을 먹었는데 겉보기엔 튼튼해 보이는데 어째서 그렇게 약하냐고 의사가 그러더라고요. 지금은 식도염에 위염까지 약을 타다가 먹고, 매운 것, 짠 것 챙기고 약을 꾸준히 먹으라고 하더라고요. (참여자 8)

남편이 죽은 후부터 가슴이 두근거려서 잠을 못 자고 그래 가지고 약을 사다가 놓고 먹고 계속해서 약을 먹고 있으니 그래도 조금은 진정이 돼. 남편이 없으니까 가슴이 아프고 목도 아프고, 말소리도 안 들리고, 무슨 소리가 나고, 젤로 힘든 것은 가슴이 두근거려 싸서 낮에도 앉아 있으면 그나마 헐떡헐떡 하고. (참여자 1)

신랑이 병객으로 살아서 내가 돌아다니면서 벌어다가 술 사 주고, 담배 사 주고, 그렇게 살다가 보니 나까지도 우울해지고 사는 게 뭔가 싶어지고……. 애체 술도 먹지 않다가 아주 고생스러워서 술을 마시기 시작했지. 내가 지금은 신경성이래. 내가 영 깨닫지를 못하는 거야. 내가 어찌할 줄 몰라서 너무 신경을 써서 그래. 술 한 잔 먹어야만 잠을 자고 알코올중독자가 되는 것 같아. (참여자 7)

병원에서 어제 퇴원했어요. 뇌졸중이라고 판명받았어요. 새롭게 얻은 병이 괜찮다가도 갑자기 아팠은게 그러니까 뇌졸중이 온 거야. 그렇지 갑자기 쓰러진 것이지. 할아버지가 돌아가시고 3개월쯤 있다가 쓰러졌지. 어떻게 살아야 하나를 뇌심하다가 쓰러진 것이지. (참여자 5)

할아버지한테 신경 써서 그렇게 된 거래요. 한의사 말이……. 풍은 아닌데 열나고 똥 싸고 입이 돌아갔고 입에 감각이 없고 입이 왔다 갔다 지 맘대로 돌아다녀. 지금까지 약 먹고 있으면서 신경을 쓰면 더 몸이 나빠져요. 숨이 답답하고 가슴이 답답해. 그런데 병원에 가면 아무런 병이 아니래. 숨이 가쁜 것이 있고 잠을 잘 못 자고 그래요. (참여자 13)

지금 나도 죽을 것 같아요. 그렇지 않아도 성격도 활발한 성격은 아닌데 너무 외롭고 외로워 어떻게 해야 하나 싶어서 병원엘 다녀왔는데 우울증이 되었대요. 남편이 아픈 지 10개월 만에 갔는데 잠을 잘 수가 없어요. 어떨 때는 발도 쥐가 나고 파스도 붙이고 서성거리고 주무르고, 변비가 생겼어요. 가슴이 두근거리고 심장이 막 뛰고 그리고 변비가 너무 심해졌어요. 그런 것은 알지도 못하고 살았었는데……. (참여자 9)

■ 오히려 건강해짐
그이가 도와줘서 그러는지 몸은 오히려 건강해요. 죽어서 나를 도와주는 것마냥 몸은 건강해요. 옛날에는 쓰러지기를 잘해서 어딜 가지도 못하고 전화가 불통이 났었지요. 쓰러지려면 오버이토도 나

오고 정신도 없고 눈도 왔다 갔다 하는데, 근데 아직까지 그런 것을 모르고 사는 걸 보면 할아버지가 걷어 간 것이라고 생각이 돼요. (참여자 10)

그전 같아서는 꿈도 못 꾸었을 텐데……. 내가 신기해. 오히려 내가 다 신기하다니까. 힘든 것은 힘들지만 혼자 돼서 일을 하니 힘들지만 그것쯤은 참을 수 있고. 이것쯤은 아픈 것도 아니지 뭐. 그동안에 참 많이 아팠는데 지금은 아픈 것도 아니지 뭐. (참여자 11)

7) 경제상황

참여자들은 배우자가 사망한 후에 경제적인 상황이 달라지는 것을 경험하게 되는데 이러한 것은 참여자의 노후 인생의 경제 구도를 변화시켰다. 참여자들의 수입은 제한되어 있거나 줄어들었지만 매일 다니다시피 하는 병원치료나 사회생활에서도 경제적인 측면을 배제할 수가 없어서 경제적 지지는 특히 많은 부분 생활의 질적인 면과 연결되면서 중요한 중재적 조건을 담당하고 있었다.

기본적 생활고에 시달리는 참여자 중 먹고살기를 걱정하는 참여자는, 재혼한 남편의 자녀들이 아버지가 살아 계실 때는 경제적 지원을 맡아 왔으나, 아버지의 사망과 함께 경제적 지원을 끊은 경우이다. 또한 몸으로 하루하루 벌어먹으며 살아왔던 경우에 남편의 사망은 경제적 지원이 끊어짐을 의미한다. 따라서 일을 하지 않으면 생계가 어렵기 때문에 참여자들은 더욱 힘든 상황을 맞이한다. 또한 대부분 농업을 직업으로 종사했던 참여자들은 남편의 사망으로 남편이 맡아 왔던 농사일의 중단을 의미하며 자연스럽게 남편이 해 왔던 농사일을 타인에게 양도하거나 농사일을 중단하게 됨으로써 경제적인 수입도 줄어듦을 의미한다.

남편의 사망 후에도 경제적인 영향을 받지 않거나 혹은 자녀들의 적극적 지지로 경제적인 걱정을 하지 않아도 되는 참여자들도 있었다.

'경제적 상황 정도'에 대해 인터뷰한 내용으로부터 도출된 개념은 '먹고살 것이 걱정임', '자녀의 지원이 풍족하지 않음', '병원비 지출로 경제적으로 어려움'의 개념들은 '경제적인 어려움에 처함'으로 하위범주를 정하였다. '사는 형편이 좋음', '경제적 지원을 자식들이 잘 해줌'은 '형편이 넉넉함'으로 하위범주를 정하였다. '경제적 어려움에 처함', '형편이 넉넉함'의 하위범주는 '경제적 상황'으로 범주화하였다.

■ 경제적인 어려움에 처함
돈이 없는 것이 걱정이지. 남부끄러워서 말을 못하지. (참여자 6)

저기 뭐지. 영세민을 해 달라고 얘기했는데 아들이 있고 땅이 있어서 안 된대. 얼마씩 나오면 개용 돈 쓰고 병원비 쓸려고 했는데. (참여자 8)

기름이 없어서 보일러를 못 돌려서 방이 추워서 다른 집에 나가서 잤어요. 방이 추워서 나가서 잔다고 할 수가 없어서 뜨뜻한 방에서 자고 싶다고 해서 잤어요. (참여자 3)

내가 안 하면 누가 해. 이런 데도 그렇지. 또 하나라도 돈을 벌어야 살지. 반찬이라도 더러 사다 먹고 해야지. 못 벌어 놓았은게 할 말 없지 뭐. 애들도 살기가 어렵고 그게 원망스러워요. (참여자 7)

돈은 자식들이 주는 것으로 사는데 암만 안 쓴다고 해도 쓰는 것이 있잖아요. 병원한 번을 가도 그렇고. 남편이 벌 때하고 자식한테 얻어 쓰는 돈이 달라요. (참여자 12)

살기도 어렵고 그렇다고 애들한테 어려운 데다 얘기하면 뭐해 새

끼들 마음만 아프지 뭐. 병원비가 많이 들어요. 자식들이 주는 돈
이 너무 힘들어요. 지들도 나 때문에 돈이 많이 들었지. (참여자 4)

진짜 가진 것은 암껏도 없이 몸으로 벌어먹었지요. 그동안 땅을 다
팔아먹고 지아배가 그렇게 아픈 상황에서 논이며 밭이며 다 날려
버렸지. 그때는 그게 참 큰 재산이었지요. (참여자 14)

■ 형편이 넉넉함
애들이 벌어서 지켜 주니까 괜찮아요. 애들이 적은 월급 타서 다 대
주느라고 고생을 하지. 아들들이 다 나누어서 주어요. (참여자 13)

돈 걱정은 하지 않아도 되고 돈 걱정은 없는데……. (참여자 1)

사는 형편은 괜찮아요. 경제는 괜찮은데……. (참여자 9)

돈은 아들들이 줘요. 쓸라면 개용 돈이 많이 들어가던걸요. (참여자 10)

걱정거리는 없지 뭐. 돈 걱정이야 뭐 지들이 줄 것이고 그런 것은
아들이 해 줄 것이니께 괜찮은데……. (참여자 5)

8) 상황 끌어안기

참여자들은 배우자의 사망을 받아들이려고 노력한다. 현재 처한 상
황을 인식하기 시작하고 이제 홀로서기를 해야만 한다는 현실 속에서
스스로 마음을 추스르려고 노력한다. 참여자들은 자녀들에게 짐이 되
지 않으려고 노력하거나 자식이나 이웃들 앞에서 명랑한 척 행동하
면서 잘 적응하며 사는 모습을 보여 주고 싶어 한다. 또한 현재 지금
의 상황 속에서 잘 사는 것만이 남편에게 보답하고 남편을 대신하여
남은 인생을 보람 있게 사는 것이라고 굳게 믿고 있으며, 남아 있는
미혼자녀들을 위해 참여자들은 부모로서의 책임을 끝까지 다하고 싶

어 한다.

한편으로는 남편의 사망이 순명을 다하였다고 생각하거나 혹은 배우자인 내 앞에서 사망한 것이 오히려 잘된 것이라고 스스로 생각하기도 한다. 그러면서 본인이 처한 상황을 담담하게 받아들이고 있다. 또한 고인의 산소를 찾아가서 그동안 못했던 이야기를 나누기도 하고, 남편의 손때 묻은 물품들을 정리하기도 하면서 남편과의 이별을 준비하면서 남편을 떠나보내야 함을 직감한다.

'상황 끌어안기'에서 인터뷰한 내용으로부터 도출된 개념은 '스스로 마음을 다독임', '감정을 숨기거나 명랑한 척함', '타인의 죽음을 보고 위로받음'은 '마음을 달래 봄'으로 하위범주를 하였다. '순명을 다했다고 생각함', '남편의 물건을 정리함', '산소에 가서 이별을 고함'의 개념은 '남편의 죽음을 받아들임'으로 하위범주로 하였다. '마음을 달래 봄', '남편의 죽음을 받아들임'의 하위범주는 '상황 끌어안기'로 범주화하였다.

■ **마음을 달래 봄**

자식들 앞에서는 괜찮다, 괜찮다 하지. 뭐 하러 그래. 엄마는 걱정하지 말라고 하지. 그래야 애들도 걱정 안 할 거고. 뭐 죽는 시늉하면 뭐 할 껴. 마음만 우울하지. 그러니 괜찮다, 괜찮다 할 수밖에······. (참여자 11)

죽을 때는 죽기 전에는 몸이나 건강하다가 사는 데로 살다가 가야지 동네사람들한테도 피해 안 끼치고 살아야지. 공연히 죽는 시늉하면 동네사람들한테 민폐만 끼치는 것이지요. 활발하게 명랑하게 보여야 할 것 같아요. (참여자 3)

혼자 사는 사람 내가 예사로 안 봐. 어떻게 살았나. 나는 늙었어도 이렇게 힘든데 젊은 사람들은 얼마나 보통 일은 아닐 거야. (참여자 2)

나도 몰라. 저 너머 할머니도 혼자 지내는데 3년만 참아 봐라. 3년만 고생해라. 3년만 참으면 된다. 하면서 어떻게든 참아 보라고 하드라고. 그래도 그렇게 힘들고 보고 싶어져. (참여자 4)

■ 남편의 죽음을 받아들임
죽는다는 것은 슬픈 것이지. 그렇지만 나이가 90이면 이젠 살 만큼은 산 거라고 볼 수 있지. (참여자 8)

우선 밖에 나가면 다 남편이 만진 남편의 손때 묻은 물건이고…….
볼 때마다 그립고 정겹지. 그래도 이제 남편 물건도 정리를 해야지.
남편 물건을 너무 많이 태우면 남편이 힘들다고 해서 물건을 정리하면서 다 태우지는 않았고 적당히 남편 물건을 정리를 했는데…….
(참여자 1)

이것도 저것도 다 남편의 손때가 묻은 거고. 다 남편이 해 주었던 것들인데 이런 것들도 다 정리하기가 힘들어요. 사진을 정리하는데 미안하더라고. 이젠 정말 이별인가 싶고. (참여자 14)

산소엘 가서 내가 이야길 했지. 이제 난 여기도 안 온다. 그리고 잘 가라고 했지. 이젠 내 걱정도 말고. 당신도 편히 쉬라고 했지. 그러고 나니까 맘은 좀 편해지더라고. (참여자 2)

9) 생활의 변화를 시도함

홀로된 여성 노인은 배우자 상실 후 다양한 생활의 변화를 시도한다. 커다란 변화라기보다도 일상생활을 하면서 소소한 생활의 변화를 시도하는데 이것은 이전에 갖고 있던 일상생활의 패턴을 찾아가는 의미이기도 하고 또한 새로운 일상을 위한 작은 출발이기도 하다.
자신을 위해 무엇인가를 하기 위한 시간을 투자하며, 자신의 모습을 바라보고 가꾸기를 시작한다. 참여자들은 즐겁게 살기 위해 본인 스스로가 변하고자 작은 노력을 시작하고 사람 속으로 다가서기를 시작한다. 죄책감이나 타인에 대한 거부감을 극복하고 참여자들은 시간이 지남에 따라서 서서히 친구들 속으로 이웃들과 함께하려고 한다. 이러한 다양한 변화를 시도하면서 참여자들은 일상으로 빠르게 회귀하거나 새로운 생활의 변화를 시도한다.

'생활의 변화를 시도함'에 대한 인터뷰 내용으로부터 도출된 개념은 '자신의 모습을 가꿈', '자신만을 위해 시간을 투자함'이었으며, 이 각각의 개념은 '자기 자신 가꾸기'를 하위범주로 하였다. '사람들 속에서 즐겁게 살려고 함', '친구들과 함께 지내려고 함', '일을 찾으려함'의 각각의 개념은 '사람에게 다가서기'를 하위범주로 하였고, 이들 각각의 하위범주인 '자기 자신 가꾸기', '사람에게 다가서기'는 좀 더 추상화하여 '생활의 변화를 시도하기'로 범주를 정하였다.

■ **자기 자신 가꾸기**
오늘일랑 찍어 발라 보자 하고 이렇게 화장을 했더니만 지나가는 동네 아줌마가 오늘 웬일이래요? 그렇게 찍어 바르고 근력 좀 내요 하더라고요. 동네꾼들이 예쁘게 했네 하면서 그러대요. 지금까지 끝에 사는 할머니네서 같이 텔레비전 보고 오는 길이에요. 이젠 나도 활기를 찾아야지요. (참여자 4)

이젠 나를 위해서 뭔가를 하고 싶은 생각이 들어. 그전엔 밖에도 나가지 않고 일만했는데 그래도 이젠 다른 집도 가고 절에도 가고 하면서 이젠 내 시간을 갖고 뭘 좀 배울까 생각을 하지. 뭐 좋아하는 것이 생길 테지……. 아니 지금 생각 중이야. (참여자 11)

내가 촌에서 살면서 일만 하고 질질 지팡이 짚고 올라 다니면서 일만 했는데 이젠 교통 편한 곳으로 가서 내가 편리한 곳으로 그런 곳으로 이사 가서 이젠 나를 위해서만 투자를 하려고 해. (참여자 6)

■ **사람에게 다가서기**

사람이 많은 데가 좋지. 그립지. 사람 많은 데가 좋지. 사람이 있어
야 좋지. 어울려서도 형님 아우님 하고 다니고. 우리 집에 가서 깨
모종도 해 주고 우리 집에 가서 자고 갑시다 하고 이야기도 하지.
(참여자 11)

화장도 하기 싫고, 친구들이 너 남편 죽은 사람이 너 하나냐고 하
는데 근데도 너무 싫었어요. 그런데 이젠 특별한 방법이 없지요. 이
젠 친구들이 우리 집에도 오고 차도 마시고 그래요. 오늘도 놀다
갔어요. (참여자 14)

내가 지금 가만있으면 안 되여. 앉았으면 안 되지. 나가서 일이라
도 하고……. 사람들과 함께 두런두런 이야기도 하며 일을 해야지. 그
게 사람 사는 것이지. 다들 그렇게 살다가 가는 것이지. (참여자 10)

10) 운명적 수용

참여자들은 이제 배우자의 사별을 슬퍼만 하고 있을 수는 없는 일
이라고 생각하며 피할 수 없는 사건으로 받아들이기 시작한다. 울타
리가 무너져 내림을 경험하면서 참여자들은 일상화된 슬픔을 경험한
다. 아무리 노력을 해도 잊을 수가 없는 슬픔을 경험하고 살아갈 능
력이 없음을 경험하면서 모든 일을 후회해도 소용이 없으며 사람은
누구나 다 죽기 마련이라고 생각을 한다. 또한 언제 죽어도 죽을 일
이라고 생각한 참여자들은 배우자 사망을 받아들이고자 노력한다. 참
여자의 배우자 사망은 피할 수 없는 운명이며 체념할 수밖에 없는 사
건으로 생각하기도 한다. 참여자들은 나의 인생에서 일어나는 일들
대부분을 자신의 팔자소관이라고 생각하면서 인생을 거스르지 않고
시간이 흐르는 대로 살아가는 것이 순리라고 생각한다.

운명적 수용의 원 자료에서 도출된 개념은 '노력을 해도 슬픔을 잊을 수가 없음', '살아갈 능력이 없음', '끝없이 막막함'으로 하였고 하위범주를 '슬픔이 일상화됨'으로 하였다. '내 팔자라고 생각함', '늙으면 다 죽게 됨', '인생을 거스르지 않음', 내 앞에서 죽는 것이 오히려 잘 되었음'은 '운명에 맡김'으로 하위범주를 하였다. 이 각각의 하위범주는 좀 더 추상화하여 '운명적 수용'으로 범주를 정하였다.

■ 슬픔이 일상화됨

어떻게 할지를 모르겠어요. 그냥 그렇게 사는 것이지요. 그냥 어떻게 살겠지, 하면서 살아야지요. 죽을 줄 몰랐다가 내 앞에 당하니게 살아야 하는 거구나 하는 생각은 들어도 어떻게 살아야 하나? 하지요. 막막하고 외롭고……. (참여자 10)

슬픔을 극복하려고 해도 잊어버리려고 자꾸 딴생각을 해 봐도 어떻게 해 봐도 또 생각나고 순간은 잠시고 또 생각이 나는 거야. 어떻게 해도 안 잊어 뻐려지고. 지금까지 살아온 생활 때문에 무조건 슬프기만 하고, 열심히 살아야겠다는 생각보다도 가슴이 두근두근해지면서 답답하고 앉아 있어도 너무 힘들고 억지로 그럭저럭 하루를 보내고 있지. 남편의 자리가 너무 슬퍼. (참여자 1)

노력해 본 것은 뭐……. 잊을라고 해도 그게 금방 잊어지나요? 안 잊어지지. 안 돼요. 잊을라고 해도 안 돼요. (참여자 14)

아무 생각도 없이 살았다. 얼떨떨하고 또 뭐라고 해야 하면 아무 생각도 없어. 할아버지가 살았으면 어땠을까도 생각 안 해 봤어. 응, 아예 안 해 봤어. 아무 생각이 없어. (참여자 12)

그게 막막해요. 어떻게 살아야 할지 막막해요. 아무런 생각이 없어요. 어떻게 살아야 하는지 내 몸 자체도 좋지 않고, 삶의 의미가 없어요. 아무런 생각이 없어요. 남편은 평생 살면서 참 좋은 사람이고 동반자 같은 둘도 없는 친구로 생각하는데……. (참여자 9)

할아버지 돌아가고 젤로 막막한 것은 살기가 힘들어진 것이지요. 남한테 불쌍하다는 소리 듣고 동네 사람이 불쌍하다는 소리를 하고 보기에도 그렇게 보이나 봐요. 살긴 살아야 하는데 어떻게든 살아야 하는데 슬픈 생각이 자꾸 들고……. (참여자 3)

제일 힘든 것은 할아버지가 없으니까 힘든 것은 외롭고 슬퍼지고 힘들지요. 뭐 외로워서 너무 힘들지요. 그렇다고 해서 하소연을 자꾸 할 수도 없고 슬픔도 잊히지도 않고……. 그저 막막하고 살기가 힘들지요. (참여자 4)

■ 운명에 맡김

늙으면 다 그렇게 되는 것이지. 생각하면 뭐하나. 두려울 것도 없고 다 늙은걸 뭐. 숙명이라는 것이지. 죽음이라는 것이지. 할아버지한테 가고 싶어도 못 따라가는 것이 운명이지. (참여자 5)

남편이 죽어서 원통하고 슬프지 않은 사람은 없지요. 그래도 노다지 울지는 않았어요. 아니까. 이치를 아니까. 살고 죽는 것에 순리가 있으니까. 아무것도 몰라야 울지. (참여자 8)

죽기는 잘 죽었어. 내가 만약에 죽었으면 그게 며느리가 누가 좋다고 한데요? 내 앞에서 복 있이 죽었지. 며느리가 좋다고 하남요? (참여자 10)

기저귀에 똥오줌 받아 내며 살았는데 내가 먼저 죽었으면 당신 똥오줌 누가 받아 줘. 며느리들도 외면하고 나가는데 당신은 죽는 것도 내 앞에서 죽었으니께 행복한줄 알아. (참여자 6)

갈 때 되면 다 가는 것 위로한다고 안 갈 것도 아니고, 참 사람 하나 가는 것 참 몇을 봤지만 뭐 참 이거 간다는 것이 쉽다면 쉽고 어렵다면 어려운 것이고 다 각각이여. 사람들이 가는 것이 다 각각이여. 그렇게 각각인 채로 거스르지 못하고 사는 것이 인생인 것이지. (참여자 11)

남편의 의미는 사는 거니까 살았지만 이것이 맺어진 인연이고 내 팔자가 이것밖에 안 되는 것을 어떻게 해. 팔자대로 사는 거지. 다 팔자여 팔자지. 여자 팔자 뒤웅박 팔자라고 안 혀? (참여자 7)

11) 현실에 적응함

홀로된 여성 노인은 현실에 적응하며 사는 것이 인생을 사는 법이라 생각하고 배우자와의 사별에 적응하려고 노력하였다. 이제 시간이 흐르면 슬픔이 줄어든다는 것도 알게 되었고, 남은 시간을 잘 보내기 위해 독하게 마음을 먹어야 살 수 있음을 스스로에게 다짐하기도 하였다. 또한 아직도 할 일이 남아 있음을 인식하게 되었고 산 사람은 살아야 하며, 현실에 무조건 적응하려고 하였다.

현실에 적응함에 대해 원 자료에서 도출된 개념은 '시간이 지나면 슬픔이 줄어든다는 것을 앎', '아직 할 일이 남아 있음을 알게 됨'의 개념은 '현실을 직시함'으로 하위범주를 정하였다. '죽기 살기로 무조건 적응함', '산 사람은 살아야 함'의 각각의 개념은 '적응하려 함'으로 하위범주를 정하였다. '현실을 직시함', '적응하려 함'의 각각의 하위범주는 '현실에 적응함'으로 좀 더 추상화하여 범주로 정하였다.

■ 현실을 직시함
둘이 살려다가 한 양반이 없으니께 허전하지 뭐. 혼자 살려니까 두렵고 걱정이 되지. 쓸쓸할 때는 뭐 할 것이 있어야지. 시간이 약이야. 내 앞이 다 캄캄하니까. 시간이 흘러가길 바라지. (참여자 5)

그냥 뭐 그렇게 지내지요. 이겨 내는 것은 하루 종일 세월 없이 시간만 보내면서 시간이 빨리 지나가길 바라지요. 그러면 이겨지는 거지요. (참여자 14)

굉장히 견디기가 힘들어요. 그래도 처음보다는 전보다는 덜한 것 같아요. 시간이 지나서 그런가 맘이 후둑후둑 하고 불안하고 두근거리는 것은 조금 가라앉았어요. (참여자 4)

농사를 짓느라고 힘들지만 그래도 못 견딜 정도는 아니고 힘들어도 죽은 사람이 불쌍하고 이것을 내팽기치면 그것도 남편에 대한 도리가 아닌 것 같고 남편 대신에 해야지. 그러니까 내가 할 일이 아직 있는 것을 알지. (참여자 2)

■ 적응하려 함

그냥 일만 열심히 했지. 내가 뭘 해야 내 생활에 변화가 오는지 잘 몰라. 그저 아침에 일어나서 일하고 하루 종일 일하고 그냥 옆집 아줌마가 오면 조금 이야기하다가……. 지금도 나 일해야 한다고 하면서 나온 거야. 그냥 일만 하지 뭐. 아무런 감각도 없어. 그렇게 살다 보면 슬픔도 아픔도 삭혀지려나? 그래서 일만 해. (참여자 12)

그냥그냥 그렇게 사는 거지 뭐. 그냥 어떻게든 함께 살겠지 했는데 죽을 줄 몰랐는데 이렇게 당하니께, 내 앞으로 당하니께 내가 해야겠다 하고 허지. 힘든 거는 별로 없지요. 그냥 어떻게 한데요. 그렇다고 해서 죽었던 사람이 살아서 오길 하나 내 얼굴이 뵈길 하나. 그냥 살 테지 하고 죽은 사람이 불쌍하지 산 사람이야 살지유. (참여자 10)

못 벌어 놓고 간 남편이 얄미워 죽겠고 나는 죽기 살기로 일을 다녀야 하잖아. 어떻게 해. 무조건 벌어야 하지. 남편이 죽은 것도 미워 죽겠지만 집에만 있을 수는 없으니께. 애들도 눈치 채지 못하게 불도 안 켜 놓고 지내곤 하지. 그러니까 사는 것이 말은 아닌데 그래도 그렇게 죽기 살기로 사는 거야. 입을 악물고 말이야. (참여자 7)

나를 너무 고생시켜서 안 그럴 줄 알았는데 정말 혼자 사는 것이 너무 힘들어요. 너무 슬프고요. 혼자 살려면 무조건 독하게 맘먹고 살아야지 자꾸 옛날 생각나고 또 그렇게 슬플 수가 없어. 사람들하고 대화할 때는 깜빡 잊어 먹지만 정말 혼자 산다는 것은 독해야 살 수 있어. (참여자 4)

슬픔을 극복하려고 잊어버리려고 자꾸 '딴사람도 다 죽는데' 하고 생각해 봐도 그 순간뿐이고 또 생각이 나는 거야. 내가 생각해 보니 정말 나는 남편을 기대고 살아온 기라. 죽을 것처럼 힘들고 나처럼 외로운 사람이 또 있을까마는 그래도 밥을 먹고 살잖아. 죽은 남편은 말이 없는데……. 그렇게 슬퍼도 죽은 사람은 죽은 사람 산 사람은 산 사람인가 봐. (참여자 1)

12) 미래를 다시 설계함

참여자들은 남아 있는 인생을 재구성하기 위해서 다양한 측면에서 노력을 한다. 배우자 사별을 계기로 한평생 살아왔던 부부만의 인생을 정리하고 남편을 추억하면서 인생을 마무리하려고 한다. 자신의 삶을 주도적으로 사는 것이 자신과 죽은 남편 그리고 가족들을 위해서 그렇게 해야 한다고 생각한다. 참여자들은 그것이 자신의 남아 있는 여생을 아름답게 마무리하고 평생을 함께 살아온 부부에 대한 정을 완성시키는 것이라고 생각한다. 참여자들은 가족들이 최대한 홀로 남겨진 자신들 때문에 자녀들이 걱정하지 않도록 하기 위하여 건강관리를 해야 한다고 인식한다. 남은 삶 동안 건강을 잘 다스리며 건강을 유지하고 건강의 악화를 막아서 스스로에게도 질 높은 생활 만족감을 주며 자녀들에게도 짐이 되지 않으려고 최선을 다하고자 한다. 또한 남은 노후 동안에 자녀에게 피해를 주지 않으려고 자신의 삶을 위해 저축을 해 놓거나 그동안 일상생활에 바빠서 못 해 보았던 새로운 일상생활에 관심을 갖기 시작한 참여자들은 홀로 집안에서 보내기보다는 외부활동을 통하여 새로운 삶을 설계하고자 한다.

'미래를 다시 설계함'에 대해 원 자료에서 도출된 개념은 '건강을 위해 소일거리를 찾음', '건강하게 사는 것이 인생의 목표임', '일을 조절하면서 건강을 지켜 감'의 개념들은 '건강을 지키려 함'으로 범주화하였다. '노후에 사용할 비용을 대비해 놓음', '노후의 거취를 계획함'의 개념은 '홀로 살기 위한 방법을 모색함'으로 범주화하였다. '노래교실이나 노인대학에 등록함', '경로당을 다니기 시작함', '적극적 활동을 위해 이사를 하고자 함'의 개념들은 '외부활동에 도전함'

으로 범주화하였다. '건강을 지키려 함', '홀로 살기 위한 방법을 모색함', '외부활동에 도전함' 각각의 하위범주는 좀 더 추상화하여 '미래를 설계함'으로 범주를 정하였다.

■ 건강을 지키려 함

수십 년을 농사를 지었는데 이젠 못 하겠어. 나 올만 하고 이젠 끝내려고 해. 계속 농사지면 아주 그렇게 하면 힘든 생활을 하는 거야. 그만 해야지. 내가 디스크가 절단 나서 이젠 안 되겠어. (참여자 2)

나는 나이는 먹고. 갈 데도 없고. 앓지나 않고 살다가 병이나 걸리지 않고 살면 되지요. 그래야 자식들한테 속 안 썩이지요. 돈은 돈대로 없애고 그러면 안 되지요. (참여자 14)

나보고 죽을 때 그러대. 나는 꼭 죽긴 죽을 텐데 정신 바짝 차리고 살라고 하더라고. 그래서 내가 그랬지. 걱정하지 마. 당신이나 곱게 고생하지 말고 가. 난 걱정 마, 애들도 있고. 조금 더 살라고 하니께 걱정하지 마. 그랬지. 그래서 정말로 내가 좀 더 살아야겠다고 결심했지. 내가 사는 날까지 건강하게 사는 것이 다지 뭐 또 있을라구. (참여자 7)

■ 홀로 살기 위한 방법을 모색함

그렇지 계획을 세웠지. 내가 이렇게 살다가 아파서 오래 앓고 그러면 혼저 내가 해 먹지 못하고 변소에 못 가면 여기서 살지 못하지. 그래서 요양원으로 가야지 응. 그래서 내가 그때 쓸려고 돈을 모았지. 내가 죽을 때 쓸려고 돈을 해 놓았으니께. (참여자 8)

둘째아들이 땅을 다 팔아 갔지. 속상해 죽겠지만 어떡혀. 이미 다 팔아 간 것을. 그래서 열심히 일해서 근력 있을 때 돈을 모아 놓고 내 개용 돈 쓸 것을 해 놔야지. 자식들이 말뿐이지 뭐 보탬이 안 되니까 내가 다 요리조리 모아서 노후에 써야지. 나도 어떻게 될 줄 모르니까. (참여자 11)

어떻게 살아야 할지 걱정이 많지요. 아직은 양로원을 가고 싶지는 않지만 아직은 아니고요. 한 5년 정도 있다가 밥도 못 할 정도 되면 어떻게 생각을 해야지요. 그래서 남편이 한 오 년 더 살았으면 했지요. 그럼 얼추 되고 나도 적당히 양로원으로 가도 되고. 그래서 양로원을 생각을 하긴 해요. (참여자 1)

벌어 놓은 것이 없어서 난 일하기 싫어도 얼른 부지런히 해야 해. 왜냐하면 몸뚱이가 재산이니께. 사실은 내가 일할 나이는 아니여. 그래도 한 푼 두 푼 모았어. 자식들 기대지 않고 써야 할 거 아녀? 몇 푼은 안 돼도 조금씩 해 놨어. 애들은 몰라. (참여자 6)

■ 외부활동에 도전함

내가 몇 가운데 다녀. 애들이 엄마 나가라고, 치매 온다고 해서, 농협주부대학이고 호원대학이고 노래교실, 뭐 그런 데를 다니지. 인저 노래 강사가 와서 노래도 하고 강의도 듣고 미술도 그리고 우리 그렇게 다녀. 좋지 기분이 좋지. 아침에 가면 자기가 허고 싶은 것 실컷 하고 스트레스 풀려고 가는 거니까 강의도 듣고 하니까 좋고 여럿이 만나서 얘기하면 한결 낫지. (참여자 11)

혼자 시골 사는 것이 어려워요. 아파트는 풀을 안 맨다고 하던데 이 집 지을 때 아파트로 가자고 했는데 내가 싫다고 했지요. 아파트는 답답하다고 싫다고 했는데 이젠 근처 풀매기도 힘들어서 시골서 살기는 어려워졌고 이사도 하고 싶고 적극적으로 살아야 될 것 같어. (참여자 13)

살긴 살아야지. 어떻게든 살아야겠기에 생활에 변화를 주긴 줘야지. 난 딸이 없어요. 아들만 둘이 있는데 젊은이 같은 딸하고 이야기를 하고 싶은데 입이 싸서 못 쓴다고 해서 말을 못 하고 살았는데 그럴 필요가 없다고 생각은 해요. 남같이 활발하고 잘 살아야지. 성당도 가고, 경로당도 가고 그렇게 하지. (참여자 3)

그전에는 경로당도 다니기 싫었는데 남편이 그러더라구. 경로당 다니면서 지내고 내가 할 일을 내가 다 할 테니 걱정 말라고 했는데……. 경로당 가서 지내곤 하지. 경로당 사람들이 나를 쳐 보더니 사람 좋다구 하면서 이야길 추더라구요. (참여자 6)

2. 축코딩

1) 패러다임 모형에 의한 범주의 구조분석

본 연구에서 근거자료에 의해 도출된 범주들 간의 관련성을 나타내는 패러다임 모형은 <그림 1>과 같으며 개방코딩과 구조분석은 순환적이었다.

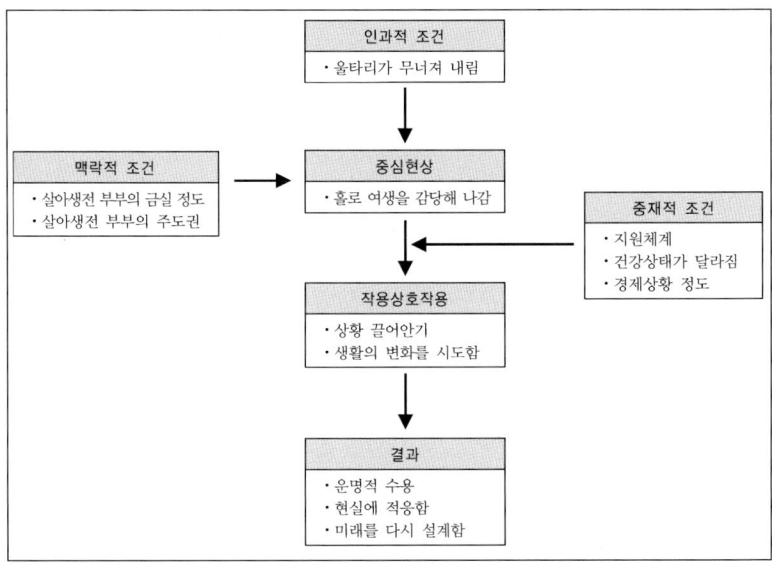

〈그림 1〉 패러다임 모형

(1) 인과적 조건

본 연구에서 현상이 발생하거나 발전하도록 이끄는 사건이나 일들로 구성된 인과적 조건은 '울타리가 무너져 내림'이었다. 참여자는 평

범주	속성	차원
울타리가 무너져 내림	정도	크다 ⟺ 작다

〈그림 2〉 인과적 조건의 속성과 차원

생을 함께 동고동락해 왔던 배우자가 사망함을 인식하면서 정서적, 사회적, 영적인 감정을 경험하였다. 이러한 현상은 참여자들에게 홀로 여생을 감당해 나가야 했다. 따라서 '울타리가 무너져 내림'은 '홀로 여생을 감당해 나감'의 현상에 대한 원인이 되는 범주로 밝혀졌다.

'울타리가 무너져 내림'을 경험한 참여자의 속성은 정도의 속성을 가지고 있으며, '크다'에서 '작다'의 차원을 가진다.

(2) 중심현상

본 연구에서는 '농촌여성 노인의 배우자 사별 후 적응과정은 어떻게 진행되고 있는가?'를 나타내 주는 현상은 '홀로 여생을 감당해 나감'으로 나타났다. 참여자들은 배우자 사별 후에 나타난 현상을 경험하면서 그것으로부터 적응하고자 하면서 상황을 끌어안고 생활의 변화를 시도함으로써 미래를 다시 설계하기 위한 노력을 하였다.

'홀로 여생을 감당해 나감'이라는 범주는 '동기'의 속성을 가지고 있고 동기의 차이는 적극적에서 소극적의 속성을 가지고 있다.

범주	속성	차원
홀로 여생을 감당해 나감	동기	적극적 ⟺ 소극적

〈그림 3〉 중심현상의 속성과 차원

(3) 맥락적 조건

본 연구결과 '홀로 여생을 감당해 나감'이라는 중심현상에 영향을 미치는 맥락적 조건은 '살아생전 부부의 금실 정도', '살아생전 부부의 주도권'으로 나타났다. 즉, 이러한 맥락적 조건은 속성과 차원에 따라 '홀로 여생을 감당해 나감'의 현상이 가지는 속성의 차원에 차이가 있었다.

'살아생전 부부의 금실 정도'의 범주는 '정도'의 속성을 가지고 정도의 차이는 좋다에서 나쁘다로 차원의 차이가 있었다. '살아생전 부부의 주도권'의 범주는 '대상'의 속성을 가지고 대상의 차이는 남편과 아내로 차원의 차이가 있었다.

범주	속성	차원
살아생전 부부의 금실 정도	정도	좋다 ⇔ 나쁘다
살아생전 부부의 주도권	대상	남편 ⇔ 아내

〈그림 4〉 맥락적 조건의 속성과 차원

(4) 중재적 조건

중재적 조건은 사람들이 작용/상호작용을 통하여 대응하는 문제 혹은 상황을 설명하는 데 있어서 그 당시 혹은 그 상황에서 차원적으로 교차시키는 조건들의 구체적인 세트들이다.

본 연구결과 작용/상호작용 전략에 영향을 미치는 중재적 조건은 '지원체계', '건강 상태가 달라짐', '경제상황 정도'로 나타났다.

'지원체계'라는 범주는 '정도'의 속성을 가지고 '많다'에서 '적다'로의 차원적 차이가 있었다. '건강 상태가 달라짐'이라는 범주는 '방향'에 따라서 차이를 보였으며 방향의 속성은 '나빠짐'과 '좋아짐'의

범주	속성	차원
지원체계	정도	많다 ⟺ 적다
건강 상태가 변함	방향	나빠짐 ⟺ 좋아짐
경제적 상황	정도	풍족함 ⟺ 부족함

〈그림 5〉 중재적 조건의 속성과 차원

차원을 보였다. '경제적 상황'의 범주는 '정도'의 속성을 가지고 있었다. 정도의 차이는 '풍족함'에서 '부족함'으로 차원의 차이가 있었다.

(5) 작용/상호작용

본 연구결과 참여자들은 사별 후 적응과정에서 '홀로 여생을 감당해 나감'의 현상을 다루고 조절하는 데 사용하는 작용/상호작용 전략은 '상황 끌어안기', '생활의 변화를 시도함'으로 나타났으며, 구체적으로는 '마음을 달래 봄', '남편의 죽음을 받아들임', '자기 자신 가꾸기', '사람에게 다가서기'였다.

'상황 끌어안기'라는 범주는 '범위'의 속성을 가지며 정도의 차이는 부분적에서 전체적으로 차원의 차이가 있었다. '생활의 변화를 시도함'의 범주는 '연속성'과 '정도'의 속성을 가지고 있으며 생활의 변화를 시도함이 연속적으로 시도하는지 일시적으로 시도하는지와 소극적인지 적극적인지로 차원을 달리하였다.

범주	속성	차원
상황 끌어안기	범위	부분적 ⟺ 전체적
생활의 변화를 시도함	연속성	일시적 ⟺ 지속적
	정도	소극적 ⟺ 적극적

〈그림 6〉 작용/상호작용의 속성과 차원

(6) 결과

본 연구에서는 근거자료들을 분석한 결과 '홀로 여생을 감당해 나
감'이라는 중심현상에 대해 참여자 배우자 사별 적응과정에서 취한
작용/상호작용 전략을 통해서 '운명적 수용', '현실에 적응함', '미래
를 다시 설계함'이라는 결과를 가져왔다.

'운명적 수용'의 속성은 '강도'이며 강함에서 약함까지의 차원의 차
이가 있었다. '현실에 적응함'의 속성은 '정도'에 대해 강함에서 약함
의 차이가 있다. '미래를 다시 설계함'의 범주는 주도적인 신념의 동
기가 적극적인지 소극적인지의 차원을 가지는 것으로 나타났다.

범주	속성	차원
운명적 수용	강도	강함 ⟺ 약함
현실에 적응함	강도	강함 ⟺ 약함
미래를 다시 설계함	동기	적극적 ⟺ 소극적

〈그림 7〉 결과의 속성과 차원

2) 과정분석

과정분석은 시간의 흐름에 따른 상황 변천에 대하여 반응, 대처,
조절에 관계있는 작용/상호작용이 바뀜에 따라 그 바뀐 작용/상호작
용을 깊이 고찰하고 결합시켜 분석하는 것이며 과정은 작용/상호작용
들을 포착하여 그것들을 하나의 연속 또는 시리즈로 연결하여 자료
에 생동감을 불어넣은 것이다.

본 연구결과 참여자들은 배우자 사별 후 시간 흐름에 따른 적응과
정은 충격과 감정 분출단계, 그리움과 원망단계, 건강변화단계, 체념

과 수용단계, 삶의 재구성단계인 4단계로 나타났다. 구체적으로 각 단계는 다음과 같다(<그림 8>).

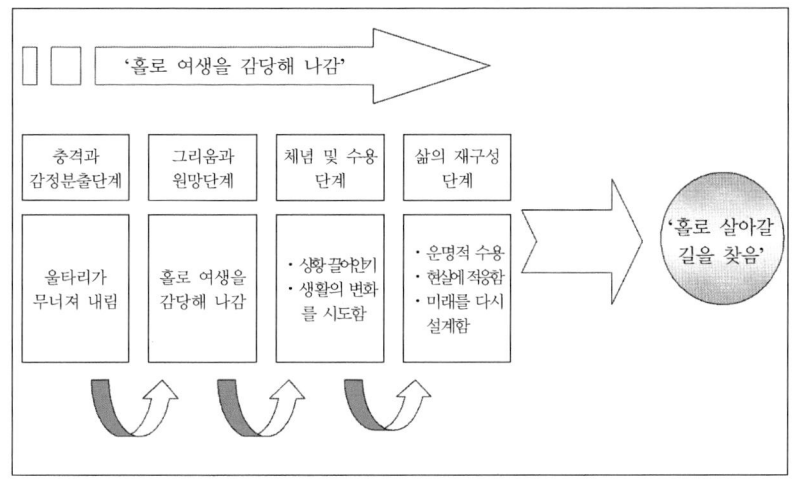

〈그림 8〉 '홀로 살아갈 길을 찾음'의 과정

(1) 홀로 여생을 감당해 나감에 대한 충격과 감정분출단계

충격과 감정분출단계는 참여자들이 배우자가 사망한 후 즉시 혹은 짧은 시간차를 두고 시작된다. 이 단계에서 참여자들은 남편의 사망을 예감하고 있었거나 갑작스러운 사망으로 남편과의 사별을 경험하였는데 배우자 사별 후 느끼는 감정은 사별의 예측 여부와는 무관하게 배우자 상실로 인한 울타리가 무너져 내림을 경험하였다. 참여자들은 아무 생각을 하지 못하는 멍한 상태이거나 아무런 느낌조차도 없는 상태로 하루하루를 보내기도 하였다.

'울타리가 무너져 내림'은 오랜 시간 동안 배우자가 질병을 앓고 있어서 배우자를 부양하는 데 고생을 한 경우라 하여도 참여자들에게는 갑작스러운 사망충격을 경험하면서 남편을 잃은 슬픔을 경험하였다. 참여자들은 배우자 사망에서 조금 더 살기를 바라는 마음을 간절하게 소원했으며 배우자의 결혼생활이 만족스럽지 못한 경우에도 좀 더 살기를 바라는 마음이 간절하였다.

특히 누워만 있어서 일상생활에 도움이 되어 주거나 남편의 역할을 제대로 수행하지 못한 경우일지라도 참여자들은 오로지 살아만 있어 준다면 얼마나 좋았을까를 생각하였다. 또한 참여자들은 남편의 사망으로 인하여 죽음을 생각하는 계기를 마련하였다. 참여자들은 하루하루 죽은 남편을 생각하면서 홀로 생활하는 어려움, 즉 건강의 악화 혹은 경제적인 어려움에 처한 경우, 죽음을 생각한다. 이는 자식에게 피해를 주지 않고 남편을 따라가면 모든 상황이 끝난다고 생각하기 때문이었다. 그렇지만 남아 있는 자신의 여생, 자식에 대한 책임감, 생명의 소중함 등 죽음을 숙명으로 받아들여야만 하는 것이고 따라갈 수 없는 길이라고 체념하기도 하였다.

배우자 사별 후 참여자들은 모두 한결같이 '울타리가 무너져 내림'을 경험하게 되었다. 감정의 변화를 살펴보면 사람들이 나를 깔보고 무시하는 것 같고 나 자신이 초라하게 바뀌어 다른 사람 앞에 나서기가 싫어지면서 자신감을 잃어버리게 됨을 경험하였다. 또한 남편의 사망이 곧 자신이 잘 돌보지 못하여 사망을 한 것 같은 생각이 들고 남편의 명이 짧은 것이 자기 탓인 것 같은 죄책감을 경험하기도 하였다. 이들은 누군가가 쳐다보는 것 같은 두려움을 경험하고 심지어는 바깥출입을 하지 않게 되면서 점차적으로 사회적인 고립을 경험하기도 하였다. 이 시기의 참여자들은 공통적으로 남편의 사망으로 인한 충격을 경험하면서 새로운 감정을 경험하게 되는데 이들 참여자의 다양한 감정의 경험은 배우자를 사별한 후에 겪게 되는 일반적이고 정상적인 슬픔단계이다. 이때 참여자들은 마음껏 배우자를 잃은 슬픔을 표현하고 그동안 살아왔던 부부의 정을 떠올리기도 하며 아쉬웠던 부부만의 갈등도 모두 한자리에 쏟아 놓고, 모아 놓고, 바라다보는 시기이다. 이 시기에 참여자들은 충격, 멍함, 순응, 죄책감, 두려움, 갈등, 걱정, 초라함, 죽음, 부부의 의미 등을 생각하면서 그동안의 살아온 부부의 한평생을 되새기며 보내기도 한다.

또한 배우자 상실을 경험하면서 받은 충격과 감정의 분출단계에 있는 참여자들은 슬픔을 적응하려는 기대에 따라서 차이가 있었다. 슬픔을 적응하려는 의지가 긍정적인 경우에는 슬픔을 극복하는 데 좀 더 적극적이고 지속적으로 이루어지는 경향을 보이며, 반대로 슬픔의 충격에 깊이 싸여 있거나 주변 여건의 어려움이 함께 뒤엉켜 있는 경우에는 소극적이고 일시적으로 사별 후 슬픔 적응과정을 시도한다는 것을 근거자료를 통해 확인할 수 있었다.

이렇게 배우자를 상실한 울타리가 무너져 내림을 경험한 참여자들은 홀로 여생을 감당해 나감을 통하여 그리움 혹은 원망을 경험하게 된다.

(2) 홀로 여생을 감당해 나감에 대한 그리움과 원망단계

배우자 사별 후에 충격에 휩싸이거나 감정의 분출을 경험하면서 울타리가 무너져 내림을 실감하고 홀로 여생을 감당해 나가야 함을 인식하면서 그리움과 원망함이 생기게 된다. 이 단계에서 참여자들은 남편의 빈자리를 실감하게 된다. 특히 가족모임이나 즐거운 행사가 있을 때는 더욱더 남편 없는 허전함을 실감하게 되며, 어려운 일이나

남편이 해 왔던 일들을 대신하게 될 때는 더 큰 남편의 빈자리를 경험하게 되었다. 또한 평상시에 남편의 역할을 제대로 수행해 오지 못했던 참여자들은 죽은 남편을 원망하기도 하며, 살아생전에 고생만 시켰던 남편에 대한 원망감이나 사랑받지 못한 것들에 대한 원망을 표현하기도 한다. 그렇지만 대다수의 참여자들은 한평생 고생만 하다가 돌아간 남편을 안쓰럽게 생각하고 다시는 보지 못할 남편에 대한 그리움으로 마음 아파하였다. 살아생전에 더욱 살뜰하게 돌보아 주거나 잘해 주지 못한 것에 미안함을 느끼면서 한평생 함께 살아와 준 남편에 대해 소중함을 느끼게 된다. 서로 의지하면서 살아왔던 지난날을 회상하면서 나를 알아주고 함께 살아온 평생의 시간들이 지나감을 그리워하였다.

이 시기의 참여자들은 남편과의 부부관계에 따라서 그리움과 원망함으로 나누어지는 것을 알게 된다. 남편을 그리워하고 소중한 남편의 추억을 생각하는 참여자는 서로의 심정을 알아주고 평생의 반려자인 최고의 남편으로서의 역할을 잘해 주어 서로 의지하고 살아온 경우이다. 반대로 사별 후 죽은 남편을 원망하고 미워했던 참여자는 싸움을 너무 많이 하여 부부의 정을 느끼지 못하고 살아왔거나 혹은 너무 밋밋하게 살아와 다정다감하게 살아 보지 못한 부부의 정을 원망하면서 아쉬워하였다.

그러나 남편의 죽음을 그리워하거나 혹은 남편을 원망하여 미워하는 참여자라고 하여도 참여자 전원에게 남편은 하나같이 그들의 울타리였음을 근거자료를 통하여 알게 되었다. 참여자에게 남편은 튼튼하고 든든한 울타리, 조금은 부실하거나 흔들릴 듯한 울타리, 힘없고 나약한 울타리로 표현될지라도 그들 참여자에게 모든 남편은 아내의 울타리였던 것이다. 그럼으로써 배우자인 울타리가 무너져 내림을 통하여 그리움과 슬픔 속에서도 홀로 여생을 감당해 나가야 함을 실감하였다.

(3) 홀로 여생을 감당해 나감에 대한 체념과 수용단계

네 번째 단계는 '체념과 수용단계'인데 이는 사회적 지지와 경제적 상황에 따라 달라질 수 있다. 경제적인 상황이 좋을수록 또는 사회적 지지가 강할수록 참여자들은 좀 더 긍정적인 힘으로 적극적으로 수용단계로 들어가기가 쉬워진다. 이 단계의 홀로 남은 배우자들은 '상황 끌어안기'를 통하여 내가 처한 상황을 돌아보기 시작한다. 이때 참여자들은 일자리를 찾아보거나 혹은 상황에 맞게, 형편에 맞는 일을 함으로써 현실을 살아가기 위해 애를 쓴다. 참여자들은 남편의 죽음을 받아들이기 시작하였고 이들은 남편의 죽음에 마음 아파만 하지는 않았으며 오히려 자식들 효도를 받으면서 아내인 참여자들 앞에서 순명을 다하여 죽는 것에 대하여 남편이 복이 있는 사람이라고 생각하면서 자신이 처한 상황을 체념하고 받아들이기 시작하였다.

그러면서 참여자들은 마음을 다스리면서 참여자 자신의 미래 계획을 세우고 다른 사람 앞에서 애써 마음을 진정시키며 감정을 추스르면서 밝게 행동을 하기도 한다. 참여자들은 또한 타인들의 죽음을 통해서 위로를 받고 또 누구나 다 한 번은 가는 길이라고 애써 마음을 진정시키기도 하였다. 이 시기에 참여자는 남편의 산소를 찾아가기도 하였다. 그동안 살아왔던 이야기도 나누고 그리움을 나누기도 하고 그동안 잘못한 일들을 고백하면서 남편에게 용서를 빌기도 하였다. 그럼으로써 남편과의 이별을 준비하였고 남편이 쓰던 물건들을 정리하면서 참여자는 자신의 상황을 체념하고 수용해 나가기 시작하였다.

또한 참여자들은 배우자 사별과정에 적응하고자 노력하려는 마음을 먹기 시작하였다. 참여자들은 자신을 돌아보기 시작하면서 자신의 모습을 좀 더 활기 있게 보이고자 화장을 시작해 보기도 하고, 참여자 자신의 우울한 내면을 위하여 라디오를 구입하여 틀어 놓으면서 노래를 불러 보기도 하고, 좀 더 쾌활해 보이려고 하며 자신만을 위한 시간을 투자해 보려고 마음을 먹기도 하였다. 사람들이 싫고 무서워서 피했던 참여자들은 이제 사람들 속으로 들어가야만 즐겁고 활기차게 살 수 있다는 것을 깨닫게 되었고 친구들과 함께 지내고자 마음을 먹기 시작하였다. 또한 자신의 일을 찾아서 활기 있는 생활을 위해 준비를 하였다.

(4) 홀로 여생을 감당해 나감에 대한 삶의 재구성단계

배우자 사별 후 슬픔 적응과정의 마지막 단계는 삶의 재구성단계로의 진입인데 이는 체념과 수용단계를 통한 다음 단계인 것이다. 체념은 끝없는 막막함을 운명으로 받아들이면서 자신의 삶인 현실을 받아들이고 자신의 삶을 주도적으로 살게 되는 단계로 돌입하게 되는 것이다. 그러나 모든 참여자가 안정적이고 발전적으로 자신의 삶을 아름답게 재구성하게 되는 것은 아니었다. 재구성단계는 지원체계, 건강 상태, 경제상황에 따라 영향을 받게 된다. 자신의 삶의 구조가 어렵고 힘든 상황에 처한 참여자들은 아무 계획 없이 무작정 슬프기만 한 상태를 유지하게 되는데 이는 사별 후 처음 몇 달 동안에 일어날 수 있는 자연스러운 슬픔상황과는 아주 다른 것으로 사별 후 기간이 오랜 시간이 지나도록 극복하지 못하며 살아갈 경우에 참여자는 끝없는 막막함 속에서 이들은 어쩔 수 없는 운명으로 받아들이며 자신의 처지를 수용하는 단계인 것이다. 이 경우에는 참여자들이 어떻게 살아야 할지 모르는 막막함을 경험하기도 하는데 이것의 대부분은 참여자들의 지원체계가 없거나 경제적인 상황이 나빠지거나 건강상의 문제를 갖고 있음을 인터뷰 자료에서 확인할 수 있다. 이렇듯이 끝없는 막막함에서 '운명적 수용'을 하는 참여자들은 삶의 재구성이 소극적이며 매우 비관적이고 오히려 삶의 능력이 저하되고 있는 것을 알 수가 있다. 그러나 현실에 처한 자신의 처지에 적응하면서 울타리가 무너져 내림을 적응해야 하는 생활 사건으로 받아들이며 시간이 흐를수록 슬픔이 줄어드는 것을 경험하면서 스스로 마음을 독하게 먹으면서 현실에 맞게 살아야 한다고 생각하는 참여자들은 '현실에 적응함'에 진입하게 된다. 자식에게 피해를 주지 않고 자신의 건강을 스스로 지키기도 하고, 외부활동을 시작하면서 즐겁게 살려고 하는 참여자는 적극적으로 '미래를 다시 설계함'의 단계에 돌입하고 도전하게 된다는 것을 알 수가 있었다.

이처럼 삶의 재구성단계에서 참여자들은 자신의 삶을 긍정적이며 주도적인 전략을 사용하는 참여자는 자녀들이나 이웃사람들에게 부담감을 주지 않고 스스로의 삶을 재구성하였다. 그러나 지원체계가 적을수록, 건강상태가 나쁠수록, 경제상황이 열악할수록 참여자들은 더욱더 힘들고 막막함 속에 있으며 자신의 삶을 원망하고 오히려 남아 있는 여생을 괴로워하며 자신의 팔자라고 생각하면서 운명적으로 받아들였다.

3. 선택코딩

1) 이야기 윤곽 전개

최근 가족의 구조적 변화를 경험하면서 노인 단독 부부세대가 증가하고 있다. 부부가 함께 평생을 살아오다가 남편의 사망으로 인하여 여성 배우자가 홀로 남아 여생을 마감하게 되는 경우는 이제 우리에게 너무 흔한 일이다. 그러나 노인이 한 세대를 마감하고 죽음을 맞이하는 것을 생활사건의 하나로만 생각하는 경우가 있으며, 노인이 죽음을 맞이하고 홀로 남은 여성 배우자가 겪게 되는 슬픔과정은 당연한 것이며, 이러한 과정을 참여자들이 일반화된 생활사건으로 받아들여야 한다고 생각하기도 한다.

참여자들은 농촌에서 농사일을 생업으로 하면서 평생을 남편과 함께 농사일을 해 왔고, 농사일을 통하여 소득을 얻고 그 소득을 통하여 자녀를 키우고 결혼을 시켜 독립시켰으며, 그들 참여자 부부가 생활터전인 그곳에서 함께 살아왔다. 본 연구 참여자들의 배우자 사별 후 농촌에서 슬픔에 적응하는 과정은 다음과 같은 이야기(story)로 전개되었다.

참여자들은 부부의 인연을 맺어 짧게는 28년의 세월부터 시작하여 길게는 64년의 결혼생활을 해 왔다. 이들의 결혼기간만큼이나 노인부부에게는 특별한 그 무엇이 있었다. 배우자 상실로 인하여 참여자들은 갑작스러운 남편의 사망으로 얼이 빠져서 살고 있었다. 남편의 슬픔은 말로는 설명할 수 없고 경험을 해 보아야만 알 수 있는 슬픔이었다. 남편을 마음속으로부터 완전히 보낼 수 없을 만큼 남편의 사망을 마음 아파하면서 좀 더 살기를 바라기도 하였다.

참여자들은 남편의 죽음을 경험하게 되면서 자신에게 닥친 현실 속에서 자신의 죽음에 대해서도 생각하게 되는데 주로 이들 참여자는 지원체계가 없고 경제적인 상황이 좋지 않으며 몸 상태가 좋지 않은 경우에 자살을 생각하면서 남편을 따라가는 것이 더 편할 것 같다는 생각을 하기도 하였다. 그렇지만 미혼자녀가 있는 경우에는 자녀에 대한 책임감 때문에 죽고 싶어도 죽음에 대한 생각을 접어 보기도 하고 죽음은 따라갈 수 없는 각자에게 주어진 몫이라고 생각하였다. 배우자와의 사별을 경험하면서 참여자들은 남편의 죽음이 자신의 탓인 것 같고, 남편의 명이 짧은 것이 자신의 탓인 것 같아서 죄책감이 생기기도 하였다. 사람들이 자신을 무시하고 깔보며 과부라고 말을 함부로 하고 남편이 살아 있을 때와 다른 행동을 하기도 하여 점점 남들 앞에 나서기 싫고 부끄러움에 사람이 싫어지기도 하였다. 혼자 사는 참여자의 집 문을 두드리거나 누가 들여다보는 것 같아서 무섭고 두려움에 떨기도 하였다. 동네 사람들이 뭐라고 하는지는 들리지 않지만 꼭 뭐라고 하는 것 같아서 누가 오는 것도 싫고 참여자는 이웃집이나 경로당조차도 가는 것이 싫어졌다. 이렇게 참여자는 울타리가 무너져 내림을 경험하게 되었고 다양한 감정의 변화로 남편이 죽었다는 것을 드디어 실감하게 되었다. 남편이 늘 하던 일들을 모두 도맡아하게 되면서 힘들고 어려운 일을 의논할 대상자가 없어진 것부터 시작하여 하나부터 열까지 모든 일상생활에 답답함을 경험하였다. 또한 부부로 평생을 함께 살아온 남편이 고생만 하다가 살 만하니까 죽음을 맞이하게 된 참여자는 자식들의 효도를 받지 못하고 새집을 지어 놓고 살지도 못한 채 죽음의 길로 가 버린 남편이 너무나 안쓰러웠다. 이제는 영원히 돌아오지 않을 남편의 자리에 대한 아쉬움이 남았으며 소중했던 남편에게 정성을 다하지 못한 것에 대한 미안함도 남게 되었다. 그러나 살아생전 부부금실이 좋지 않았던 참여자들은 남편이 고생만 시키다가 죽은 것에 대해서 원망을 하기도 하였다. 다정하게 살아 보지 못한 남편에 대해 원망을 하면서도 다시는 돌아오지 않을 남편에 대한 그리움을 표현하기도 하며 이를 원망스러움으로 표현하기도 하였다.

이렇듯 남편의 죽음을 실감하기도 하고, 남편을 원망하기도 하며, 남편을 안쓰럽게 생각하기도 하면서, 혹은 소중했던 남편과의 추억을 가진 참여자들은 울타리가 무너져 내리는 사별과정을 경험하게 되었다. 울타리가 무너져 내리는 사별과정은 홀로 여생을 감당해 나가야 하는 부담감을 주었다. 홀로 여생을 감당해 나가야 하는 것에는 살아생전의 부부관계와 주도권이 영향을 미쳤다. 부부금실이 좋아서 관심과 위로 속에서 서로 의지하고 살며 남편 사랑을 넘치게 받았던 참여자가 있었고, 부부갈등이 심하여 늘 싸우고 살아온 참여자가 있었다. 그러나 늘 미웠던 남편이지만 싸운 정도 정이고, 미운 정도 정이라는 것을 실감하게 되었다. 또한 서로 소원하게 살아온 참여자가 있는데 다정하게 살아 보지 못하고 평생을 밋밋하게 살아왔다. 참여자들은 의무적으로 그저 아이를 낳고 기르는 것이 오직 부부인 것으로 알고 살아온 참여자는 조강지처로서의 자리를 지키며 한 번 맺은 인연을 끝까지 지키고 사는 것이 부부라고 생각하며 부부의 관계를 소중하게 생각하였다. 이러한 부부의 살아생전의 금실 정도는 홀로 여생을 감당해 의미를 되새겼다.

남편의 사망으로 참여자들은 건강의 변화를 경험하였는데 이미 노인의 몸으로 질병을 갖고 있었던 참여자가 대부분이었는데, 남편의 상실은 참여자의 건강을 더욱 악화시켰으며 오랜 시간 동안 슬픔에 젖어 있다가 합병증으로 발전하기도 하였다. 또한 참여자들 대부분이 남편의 상실과 함께 새롭게 질병에 노출되는 경험을 하였는데 짧게는 1개월에서 길게는 6개월 이상 질병에 노출되어 신체적인 불편함을 호소하기도 하였다. 참여자들이 경험한 새로운 질병은 불면증, 어지럼증, 신경성 약을 먹게 됨, 우울증, 불안감, 고통스러움, 심장이 뜀, 변비, 알코올에 의존하게 됨, 아무것도 먹지 못함, 기운이 없고 힘이 듦 등이었다. 이러한 질병 중 우울증과 신경성 불면증은 약을 먹으며 치료를 하고 있었으며 만성적인 질환으로 정착되기도 하였다. 그러나 모든 참여자가 건강이 나빠지는 것만은 아니었다. 오히려 남편이 사망한 후 참여자의 오랜 질병을 싹 거두어 갔다고 진술하는 참여자도 있었는데 이러한 경우에는 오히려 건강해졌다. 또한 남편의 부재로 인해 책임감이 생기게 되어 더욱 열심히 살다 보니 오히려 건강해졌다고 진술한 참여자도 있었다. 이들 참여자의 건강 상태는 농사일을 하는 데 중요한 요인이 되었다. 대부분은 농사일이 힘들고 버겁게 느껴졌지만 건강이 좋아진 참여자는 농사를 지을 수 있게 된 스스로를 대견스러워하거나 곡식이 자라는 것을 보면서 위로를 받으면서 농사일을 한다고 하기도 하였다. 이들 참여자에게 농사일은 건강을 지켜 주는 것이기도 하고 슬픔을 달래 주는 유일한 생활터전이며 낙이기도 하였다.

참여자들에게 배우자 사별을 적응하는 과정에서 지원체계, 건강 상태가 달라짐, 경제상황 정도는 중대한 중재적인 역할을 하였다. 지원체계는 생활지원과 정서적 지원에 따라 나누어서 살펴볼 수 있었다.

참여자들 중 가족이 없거나 자녀가 없는 경우에는 슬픔이 서럽고, 힘들어 슬픔에 적응하기 힘들어하였다. 그렇지만 자녀가 있는 참여자의 경우에도 열 아들 소용없으며 남편 하나만 못하다고 하면서 남편의 중요함을 인식하였다. 그저 자식은 자식일 뿐 자식이 아무리 위로를 해 주어도 한계가 있고 또한 자녀에게 속사정을 속속들이 이야기할 수 없다고 하였다. 자식들의 위로는 반짝 위로가 된다고 한 참여자의 진술은 배우자를 잃은 슬픔의 깊이를 짐작할 수 있었다. 그러나 대부분의 참여자는 자녀들이 함께 있어 주면 위로가 된다고 하였다. 자녀들의 경제적 지지는 자녀들에게 참여자들이 실질적인 도움을 받지 못하거나 자식들이 주는 돈도 눈치가 보여서 받기가 어렵고 자식들이 그동안 병원비 지출 및 생활비 지원에 돈을 많이 써서 눈치가 보인다고 하였다. 자식들이 경제적인 지원을 잘해 주는 경우에는 좀 더 빠르게 슬픔에 적응하려는 긍정적인 삶의 태도를 보였다. 참여자들은 사별의 어려움 중 밥 먹기를 힘들어하였는데 이때 이웃들이 찾아오거나 초대를 하여 식사를 제공하거나 자녀들이 반찬거리나 먹을 것을 지원해 주기도 하였다. 이토록 적극적인 지원체계는 참여자들의 홀로 살아갈 길을 찾아감에 긍정적인 영향을 주었다.

배우자 사별 후에 경제적인 상황 또한 변화를 주었다. 남편의 사망으로 힘들고 어려웠던 살림이 경제적 어려움에 처하게 되었으며, 풍족하게 사거나 먹을 것을 구입하기가 힘들어 일을 하지 않으면 먹고 살 수가 없는 참여자가 있었다. 이들 참여자는 고령의 나이에도 일을 하여야만 먹고살 수가 있기 때문에 생활고 해결을 위해 할 수 없이 일을 해야만 했다. 또한 남편의 부재는 남편이 하던 일들이 그대로 남은 것을 의미하며 남편이 담당했던 만큼의 수입이 줄어듦을 의미

했다. 또는 남편의 병수발로 인해 경제적 형편이 어려워지고 가정의 수입은 줄어들었다. 자녀들이 경제적 상황이 좋은 경우에는 용돈을 풍족하게 지원해 주고 있었으며, 참여자 자신의 생활형편이 넉넉한 경우도 있었다.

참여자들은 사별에 적응하기 위해서 자신이 처한 형편을 돌아보면서 일자리를 찾아보거나 상황에 맞도록 생활을 하면서 살아가려고 애를 쓰게 되었다. 자식에게 앞으로 살게 될 새로운 계획을 알려주며 남에게 짐이 되지 않으려고 마음을 추스름으로써 감정을 조절하기 시작하였다. 이들 참여자는 남편의 죽음을 받아들이며 자식에 대한 책임감을 다하여 남편의 역할까지도 대신하는 것이 부모의 도리라고 생각하기도 하였다. 참여자들은 다양한 생활의 변화를 시도함으로써 상호작용을 통한 노력을 시도하였고, 죽은 남편을 위해, 자녀나 본인을 위해 사별과정을 극복해 내기도 하였다.

이러한 상호작용에 따라서 참여자들의 삶은 다양하다. 남편의 죽음은 후회해도 소용없는 일이고 늙으면 다 죽는 것이라고 스스로 마음을 위로하기도 하고, 홀로된 다른 사람을 보면서 위로받으며 시간을 보내기도 하였다. 또한 모든 처해진 상황이 자신의 운명이고 팔자라고 생각하면서 운명으로 받아들이는 참여자도 있었다. 마음이 심란할 때는 일을 하면서 위기를 극복하고자 하였고, 시간이 흐르면 슬픔도 줄어든다고 스스로 안위도 하였다. 죽은 사람은 불쌍하지만 산 사람은 열심히 살아야 한다면서 현실에 적응하며 사는 참여자도 있었다. 또한 자신의 삶을 주도적으로 살고자 하는 참여자들은 자식에게 피해를 주지 않기 위해서 저축을 하고, 미래에 건강이 나빠질 때 요양원에 갈 것을 대비해 구체적으로 거취를 준비하며, 가족에게 최대한 피해를 주지 않으려고 노력하였다. 이들은 평생토록 건강하게 살고자 하였으며 농사일이 힘에 부치는 경우에는 일을 중단하고 건강 유지를 위해서 최선을 다하고자 하였다. 또한 노래교실이나 노인대학 등에 등록을 하거나 경로당을 다니면서 생활의 변화를 주고 좀 더 편하게 살고자 하였으며 자신의 상황에 맞도록 인생을 설계하고 적극적으로 대처하며 자신의 미래를 설계하고자 하였다.

따라서 이러한 과정의 본질을 설명하는 핵심범주를 '홀로 살아갈 길을 찾음'으로 선택하였다. 그리고 배우자 사별을 경험한 참여자들은 각자의 사별한 기간과 처한 상황에 따라서 서로 다른 핵심범주를 선택하게 되었다. 이에 따라서 참여자들은 홀로 여생을 감당해 나감의 중심현상에 따라서 배우자 사별을 적응하는 과정에서 지속적으로 인생을 살아가면서 노력하고 도전하면서 자신의 삶을 찾아가고 있었다.

2) 핵심범주: '홀로 살아갈 길을 찾음'

핵심범주는 Strauss(1987)가 제시한 핵심범주의 6가지 준거를 적용하여 자료에 자주 보이고, 자료의 변동을 잘 설명할 수 있으며, 다른 범주와 쉽게 연결되고, 이론을 함축하고, 이론이 단계적으로 진척될 수 있어야 하며, 분석에 있어서 최대한의 변동을 허용하는 것이어야 한다. 이에 이론을 통합하기 위한 McCann(2003)의 3가지 전략을 사용하여 범주를 축소해 가고, 문헌을 고찰하고, 자료를 선택적으로 추출하였다.

부부가 살아가면서 배우자의 갑작스러운 사망은 참여자에게 충격을 주었고, 이러한 상실에 대한 충격으로 울타리가 무너져 내림을 경험하게 된다. 참여자는 남편의 사망과 함께 위축되고 자신감이 없어 다른 사람을 피해 다니며 죄책감을 느끼게 된다. 타인에 대한 두려움이 생기면서 다른 사람들이 자신을 흉보는 것 같은 생각이 든다. 이들 참여자에게 가장 힘든 것은 고독감이다.

이들 참여자는 외롭고 슬픔에 빠져서 힘든 하루하루를 보내기도 한다. 참여자는 일상생활에서 뜻하지 않게 남편의 부재에 대한 어려움을 겪게 된다. 늘 해 오던 일상생활에서도 남편의 빈자리를 실감하게 되고 커다란 그리움이 찾아온다. 평생을 친구처럼 지내온 금실이 좋았던 부부들에게는 더욱더 빈자리가 크게 느껴지고, 늘 싸우면서 지내온 금실이 좋지 않았던 부부들은 남편을 원망하는 마음이 생기기도 한다. 그러나 원망함 속에는 그리움이 숨겨진 것을 알 수가 있다. 참여자들은 남편에 대한 미움과 원망함이 더 이상 부부로서의 인연을 다할 수 없는 것에 대한 아쉬움인 것을 알게 되었고 남들처럼 잘 살아 보지 못한 미련을 원망으로 표현하기도 한다. 이들 참여자는 하늘 같은 평생의 반려자인 배우자의 사망으로 울타리가 무너져 내림을 겪게 되는데 행복하게 살아온 부부에게나 미운 정이 쌓여 살아온 부부에게나 이들 모두에게 소중한 울타리였음을 깨닫게 된다.

남편의 사별 후에 겪는 어려움은 또 다른 어려움을 주게 되는데 이것은 건강에 대한 변화를 갖게 된다. 건강에 대한 변화는 참여자 대다수가 경험한다. 노년기의 최대 관심은 건강문제이다. 참여자 대다수는 자신의 몸도 힘든 상태에서 남편의 병수발을 하느라 건강이 더욱 악화된다. 이것은 노년기 여성에게 당연한 결과물이다. 그 외에도 참여자들은 새로운 질병도 생기게 되는데 이렇게 얻게 된 질병들은 짧게는 몇 주에서 몇 개월 이상의 증상을 갖게 되며, 아주 약한 경우에는 잠을 못 이루어 불면증에 시달리거나 혹은 먹지를 못하여 기운이 없고 탈진이 되는 문제뿐만이 아니라 심각하게 치료를 받아야 할 만큼의 심각한 신경성 질환이나 우울증 등의 질병도 있으며 알코올이 있어야만 잠을 자게 되는 참여자도 있다. 그러나 어떤 참여자는 남편이 오히려 건강을 지켜 주고 자신이 앓고 있던 질병마저도 거두어 가서 자신의 건강이 회복되었다고 생각하며 건강하게 일상생활에 복귀하기도 한다.

이렇듯 참여자들은 각자의 상황이나 환경에 맞추어 사별 후에 겪게 되는 과정에 적응하기도 하는데 여기에는 지원체계와 경제적 상황, 건강 상태에 따라 사별 적응과정에 다양하게 영향을 주는 것을 알 수가 있다. 즉, 지원 상태가 좋고 경제적 상황이 좋으며 건강 상태가 좋고 긍정적일 경우에는 참여자가 살아갈 길을 찾아가는 데 더욱 적극적인 반면에, 지원체계가 낮거나 경제력이 낮고, 건강 상태가 좋지 않은 경우에는 적응하려 노력해도 현실의 벽에 부딪혀 어려움에 처하게 된다. 그럴 경우 참여자는 모든 상황을 체념하고 자신의 운명이며 팔자라고 생각하며 받아들이기도 한다.

일상생활을 극복하려는 노력을 통하여 현실에 처한 자신의 삶에 대해 수용하는 참여자들은 어떻게 하든 자신이 처한 상황을 받아들이고 일상생활에 빠르게 복귀하며 자신이 놓인 현실에 알맞게 적응해 가는 과정을 거치게 된다. 또한 자신의 신세를 한탄하고 자신의 삶을 모두 팔자라고 생각하는 참여자는 자신의 삶을 운명으로 받아들이며 사별을 적응해야 하는 하나의 사건이라고 생각한다. 또한 자신의 삶을 주도적으로 계획하며 살고 있는 참여자는 새롭게 자신의 삶을 찾아가기 위해 여러 가지 시도를 한다. 즉, 경로당같이 사람이 많은 곳에 적극적으로 찾아다니면서 슬픔을 극복하려고 노력하며, 노인대학이나 노래교실 같은 외부기관에 등록하여 남은 일생을 자신이 원하는 삶에 맞도록 재구성하고 있다. 특히 이 단계의 참여자는 자식에게 자신의 짐을 지우지 않으려고 경제적인 측면이나 건강증진에 대한 관리를 위해 노력하고 있으며 자신의 앞날에 대한 계획을 세우고 이러한 계획을 실현하기 위해 자녀들에게 알려주기도 한다.

이러한 전 과정은 울타리가 무너져 내림의 경험을 통하여 홀로 여생을 감당해 나가는 공통적으로 겪게 되는 과정으로서 배우자 사별 후 첫 번째로 겪게 되는 감정의 변화로 충격과 감정분출단계를 경험한다. 이 과정은 그리움과 원망단계로 나타나는데 이때 살아생전 부부의 금실 정도와 살아생전 부부의 주도권에 따라서 금실이 좋았던 부부는 더없는 그리움으로 표현되고, 싸우면서 살아온 갈등이 심했던 부부는 미움의 감정에 따라서 원망함을 표현하기도 한다.

다음으로 수용단계를 통하여 자신의 상황을 어쩔 수 없이 받아들이거나 모든 현실적인 문제를 다 끌어안음으로써 수용의 단계에 돌입하기도 한다. 이제 참여자는 자신의 삶을 찾아 스스로 삶을 재구성하거나 현실에 적응하거나 혹은 운명적인 수용을 하는데 이러한 것은 참여자 자신이 처한 상황 및 환경에 따라서 달라지며 끊임없이 적극적 혹은 소극적인 시도를 반복한다. 이렇듯 사별이라는 충격적인 생활사건으로부터 회복이란 본래의 기능으로 되돌아오는 것이다. Weiss(1988)는 사별경험에서 정상생활로 회복되는 것에 대하여 사별 이전의 기능으로 완벽하게 돌아오기보다는 '극복하지 못하고 단지 사별이란 사실에 익숙해질 뿐이다'라고 하였듯이 사별에서는 회복보다는 적응이라는 단어가 적합하다고 한다. 브리태니커에서 사전적 의

미로 적응이란 단어는 생물학적 차원과 심리학적 차원으로 나누어 볼 수가 있는데 심리학적 차원의 적응이란 주위환경과 생활이 조화를 이룸, 또는 그런 상태, 환경을 변화시켜 적응하는 경우와 스스로를 변화시켜 적응함이다. 슬픔을 극복하는 단계를 모든 사람이 똑같이 경험하지는 않는다. 그러나 대부분의 경우 참여자의 진술과 같이 사별에 적응하는 데에는 일련의 과정이 나타난다.

배우자를 사별한 후 슬픔과 충격에 싸여 있으면서 때로는 원망도 하고 때로는 그리움을 느끼면서 힘든 적응과정을 통한 체념과 수용의 단계를 거치게 되고 미래를 설계하는 과정이 곧 적응과정이다. 이렇듯 사별 후 슬픔과 어려움을 극복하는 과정에서 적응이라는 개념이 삶 속에 녹아 있는 것이라고 할 수 있다.

'홀로 살아갈 길을 찾음'은 2가지의 속성을 가지고 있는데 그것은 동기수준이 높은지 낮은지의 차원으로 구분되며, 구체적인 변화를 위한 행동수준이 적극적인지 소극적인지에 따라 차원을 달리한다.

범주	속성	차원
홀로 살아갈 길을 찾음	동기수준 행동수준	높다 ⇔ 낮다 적극적 ⇔ 소극적

〈그림 9〉 핵심범주의 속성 및 차원

3) 가설적 정형화 및 관계진술

(1) 가설적 정형화

유형분석을 하기 위해서는 핵심범주와 범주 간의 가설적 관계 유형을 정형화하여야 한다. 가설적 정형화란 관계유형을 찾아내기 위한 유형분석의 첫 단계이다. 본 연구에서는 핵심범주와 중재적 조건을 형성하는 속성과 차원에 따라 가설적 정형화를 하였다. 도표를 그리는 것은 분석자로 하여금 자료의 구체적인 내용보다는 개념을 가지고 작업하도록 함으로써 연구자로 하여금 관계들의 논리에 대해 신중해질 것을 요구한다(Strauss & Corbin, 1998). 이에 본 연구에서 핵심범주를 중심으로 이에 영향을 미치는 범주의 속성과 차원에 따른 상관관계를 정형화하는 과정으로 핵심범주인 '홀로 살아갈 길을 찾음'과 살아생전 부부의 금실 정도, 건강 상태가 달라짐, 경제상황 정도와의 가설적 관계를 <표 2>와 같이 정형화하였다.

<표 2> 가설적 정형화

범주	부부의 금실	건강 상태	경제상황	홀로 살아갈 길을 찾음	
속성	정도	방향	정도	동기수준	행동수준
1	좋다	좋아짐	풍족함	높다	적극적
2	좋다	좋아짐	부족함	높다	적극적
3	좋다	나빠짐	풍족함	높다	적극적
4	좋다	나빠짐	부족함	높다	소극적
5	나쁘다	좋아짐	풍족함	낮다	적극적
6	나쁘다	좋아짐	부족함	낮다	소극적
7	나쁘다	나빠짐	풍족함	낮다	소극적
8	나쁘다	나빠짐	부족함	낮다	소극적

위의 조건들에 따른 핵심범주의 가설을 정형화하여 진술하면 다음과 같다.

① 살아생전 부부의 금실이 좋고 건강 상태가 좋으며 경제상황이 풍족한 경우의 '홀로 살아갈 길을 찾음'

② 살아생전 부부의 금실이 좋고 건강 상태가 좋으며 경제상황이 부족한 경우의 '홀로 살아갈 길을 찾음'

③ 살아생전 부부의 금실이 좋고 건강 상태가 나쁘며 경제상황이 풍족한 경우의 '홀로 살아갈 길을 찾음'

④ 살아생전 부부의 금실이 좋고 건강 상태가 나쁘며 경제상황이 부족한 경우의 '홀로 살아갈 길을 찾음'

⑤ 살아생전 부부의 금실이 나쁘고 건강 상태가 좋으며 경제상황이 풍족한 경우 '홀로 살아갈 길을 찾음'

⑥ 살아생전 부부의 금실이 나쁘고 건강 상태가 좋으며 경제상황이 부족한 경우 '홀로 살아갈 길을 찾음'

⑦ 살아생전 부부의 금실이 나쁘고 건강 상태가 나쁘며 경제상황이 풍족한 경우 '홀로 살아갈 길을 찾음'

⑧ 살아생전 부부의 금실이 나쁘고 건강 상태가 나쁘며 경제상황이 부족한 경우 '홀로 살아갈 길을 찾음'

(2) 가설적 관계진술

본 연구에서는 '홀로 살아갈 길을 찾음'이라는 핵심범주를 중심으로 맥락적 조건과 작용/상호작용 전략, 결과의 범주 간에 있을 수 있는 가설적 관계진술을 다음과 같이 도출하였다.

① 살아생전 부부의 금실이 좋고 건강 상태가 좋으며 경제상황이 풍족한 경우의 '홀로 살아갈 길을 찾음'은 상황 끌어안기와 생활의 변화를 시도하기 위한 동기수준이 높고 자신의 미래를 다시 설계하기 위한 행동수준이 적극적이어서 이들 참여자는 좀 더 자신의 미래를 적극적으로 대처할 것이다.

② 살아생전 부부의 금실이 좋고 건강 상태가 좋으며 경제상황이 부족한 경우의 '홀로 살아갈 길을 찾음'은 상황 끌어안기와 생활의 변화를 시도하기 위한 동기수준이 높고 자신의 미래를 다시 설계하기 위한 행동수준이 적극적이어서 이들 참여자는 좀 더 자신의 미래를 적극적으로 대처함에 용이하다.

③ 살아생전 부부의 금실이 좋고 건강 상태가 나쁘며 경제상황이 풍족한 경우의 '홀로 살아갈 길을 찾음'은 상황 끌어안기와 생활의 변화를 시도하기 위한 동기수준이 높고 자신의 미래를 다시 설계하기 위한 행동수준이 적극적이어서 이들 참여자는 좀 더 자신의 미래를 적극적으로 대처하려는 노력을 할 것이다.

④ 살아생전 부부의 금실이 좋고 건강 상태가 나쁘며 경제상황이 부족한 경우의 '홀로 살아갈 길을 찾음'은 상황 끌어안기와 생활의 변화를 시도하기 위한 동기수준이 높고 자신의 미래를 다시 설계하기 위한 행동수준이 소극적이어서 이들 참여자는 현실에 적응하려 할 것이다.

⑤ 살아생전 부부의 금실이 나쁘고 건강 상태가 좋으며 경제상황이 풍족한 경우 '홀로 살아갈 길을 찾음'은 상황 끌어안기와 생활의 변화를 시도하기 위한 동기수준이 낮고 자신의 미래를 다시 설계하기 위한 행동수준이 적극적이어서 이들 참여자는 현실에

적응하려는 노력을 할 것이다.

⑥ 살아생전 부부의 금실이 나쁘고 건강 상태가 좋으며 경제상황이 부족한 경우 '홀로 살아갈 길을 찾음'은 상황 끌어안기와 생활의 변화를 시도하기 위한 동기수준이 낮고 자신의 미래를 다시 설계하기 위한 행동수준이 소극적이어서 이들 참여자는 자신의 미래를 설계하기에 소극적이며 운명을 수용할 것이다.

⑦ 살아생전 부부의 금실이 나쁘고 건강 상태가 나쁘며 경제상황이 풍족한 경우 '홀로 살아갈 길을 찾음'은 상황 끌어안기와 생활의 변화를 시도하기 위한 동기수준이 낮고 자신의 미래를 다시 설계하기 위한 행동수준이 소극적이어서 이들 참여자는 자신의 미래를 설계하기에 소극적이며 운명을 수용하려고 노력할 것이다.

⑧ 살아생전 부부의 금실이 나쁘고 건강 상태가 나쁘며 경제상황이 부족한 경우 '홀로 살아갈 길을 찾음'은 상황 끌어안기와 생활의 변화를 시도하기 위한 동기수준이 낮고 자신의 미래를 다시 설계하기 위한 행동수준이 소극적이어서 이들 참여자는 자신의 미래를 설계하기에 소극적이며 운명을 수용하기가 용이하다.

배우자 상실로 울타리가 무너져 내림을 경험하면서 충격적인 감정 분출단계를 거치게 되고, 그리움과 원망을 하면서 배우자의 상실을 인정할 수밖에 없는 현실에 접하게 된다. 이러한 과정을 통하여 참여자들은 살아생전 부부의 금실 정도에 영향을 받으며 건강 상태, 경제상황 정도에 따라서 홀로 살아갈 길을 찾아가는 데 동기수준과 행동수준의 속성의 차이로 다양한 적응과정을 거치게 된다. 살아생전 부부의 금실이 좋고 건강 상태와 경제상황이 좋으면 상황을 끌어안기와 생활의 변화를 시도하는 데 동기수준도 높고 행동수준이 적극적이어서 자기 주도적인 삶을 살며 배우자 사별 후 슬픔 적응과정을 적극적으로 거치게 된다. 지원체계가 많고 건강 상태가 나빠지며 경제상황은 풍족할 때 동기수준은 높고 행동수준이 낮으면 참여자들은 현실에 적응하려고 하는 성향을 나타내었다. 또한 지원체계가 나쁘고 건강이 나쁘며 경제상황이 낮고 홀로 살아갈 길을 찾아가는 데 동기수준이 낮고 행동수준이 소극적인 경우에는 '홀로 살아갈 길을 찾음'에 있어 어려움에 처하게 되며 막막함에 어떻게 해야 할지를 모르는 힘든 적응과정을 보이게 되며 결국에는 자신의 운명이라 생각하며 수용하게 된다.

4) '홀로 살아갈 길을 찾음'의 유형분석

유형 분석이란 '홀로 살아갈 길을 찾음'의 이론을 구축하기 위하여 자료의 가설적 정형화와 관계 진술문을 근거자료와 지속적 비교분석 비교하여 각 범주 간에 반복적으로 나타나는 관계를 정형화한 것으로 본 연구에서는 노년기 배우자 상실 후 '홀로 살아갈 길을 찾음'은 3가지 유형으로 파악되었다(<표 3>).

각 유형은 시간의 변화와 함께 참여자들이 '울타리가 무너져 내림'을 경험하면서 '홀로 여생을 감당해 나감'을 향하여 참여자 각자의 특성 있는 행동양상이 나타났다. 참여자는 살아생전의 부부의 금실 정도에 따라서 홀로 여생을 감당해 나감을 위한 행동양상에 영향을 주는데 이들 참여자에게 지원체계, 건강 상태, 경제상황에 따라 상황 끌어안기, 생활의 변화를 시도하기 위한 노력을 한다. 이에 따라서 홀로 살아갈 길을 찾음은 동기수준과 행동수준의 전략의 속성에 따라서 각기 다른 유형으로 나타나는데 '홀로 살아갈 길을 찾음'의 유형을 운명적 수용형, 현실 적응형, 미래 설계형으로 분류하였다.

〈표 3〉 '홀로 살아갈 길을 찾음'의 유형

패러다임	유형 범주	속성	운명적 수용형	현실 적응형	미래 설계형
인과적 조건	울타리가 무너져 내림	정도	작다	보통	크다
중심현상	홀로 여생을 감당해 나감	동기	소극적	보통	적극적
맥락적 조건	살아생전 부부의 금실 정도	정도	나쁘다	보통	좋다
	살아생전 부부의 주도권	대상	남편	중간	아내
중재적 조건	지원체계	정도	적다	보통	많다
	건강 상태가 변함	방향	나빠짐	보통	좋아짐
	경제상황	정도	부족함	보통	풍족함
작용/상호작용	상황 끌어안기	범위	부분적	중간	전체적
	생활의 변화를 시도함	연속성	일시적	중간	지속적
		정도	소극적	중간	적극적
결과	홀로 살아갈 길을 찾음	동기수준	낮다	중간	높다
		행동수준	소극적	중간	적극적

(1) 운명적 수용형

이 유형의 참여자들은 울타리가 무너져 내림 정도가 크다. 홀로 여생을 감당해 나감의 정도는 작은 수준으로 나타났으며, 살아생전 부부의 금실 정도는 나빴다. 참여자들의 배우자는 함께 사는 동안에 남편의 역할이 없었던 울타리의 역할을 고수하였다. 참여자들은 남편이 살아 있을 때에도 남편이 해 왔던 일들을 대신하거나 거의 많은 부분을 도맡아해 왔기 때문에 남편이 사망한 후 남편의 일을 대신하거나 농사일의 변화로 인하여 새롭게 감당하게 된 고된 농사일조차도 거부반응이 크지는 않았다. 남편의 오래된 질병으로 인하여 농사일은 참여자가 남편의 사망 전부터 해 오던 일상사였으며, '내가 무슨 복이 있어서'라는 생각을 평상시에도 하고 있었다.

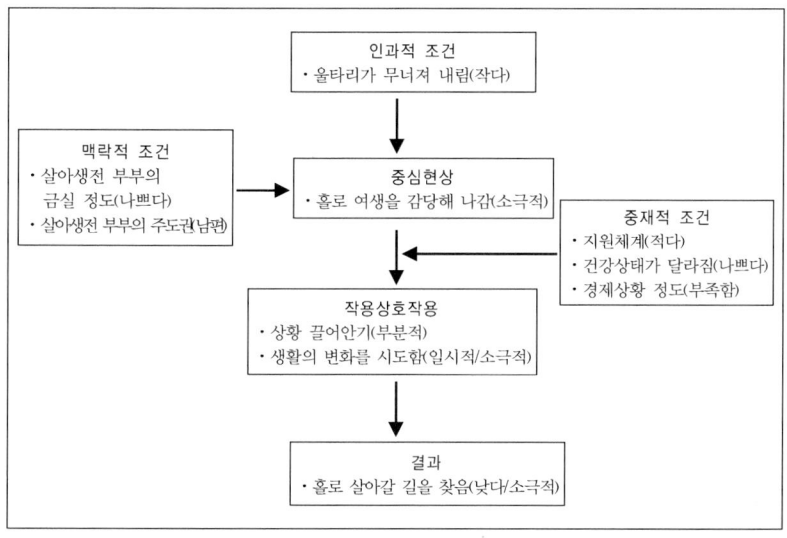

〈그림 10〉 '홀로 살아갈 길을 찾음'의 운명적 수용

이들 참여자는 지원체계가 적고, 경제적 지원이 부족하였고, 건강 상태가 나빴다. 참여자들은 상황 끌어안기, 생활의 변화를 시도함에 어려움을 겪었다. 참여자들은 어차피 나의 할 일, 나의 몫, 누구도 대신해 주지 않는 나의 팔자라고 생각하면서 남편의 상실로 인한 울타리가 무너져 내림 또한 어쩔 수 없는 일이라 여기고 남편의 사망을 생활 사건의 하나로 받아들였다. 이때 동기수준은 낮았으며 행동수준 또한 매우 소극적이었다.

이 유형의 참여자는 참여자 2, 참여자 5, 참여자 6, 참여자 12였다. 구체적인 사례로 참여자 6은 울타리가 무너져 내림을 피할 수 없는 인생사의 사건이라고 생각하였다. 참여자의 경우에는 남편의 지지를 많이 받지 못하였다. 함께 부부로 살아오는 동안에 남편은 질병을 앓고 있었기 때문에 남편으로서의 역할을 만족스럽게 해 주지 못하였고 성격 또한 괴팍하여서 힘든 가정생활을 사는 동안에 자신을 위로하거나 고마워하지 않았다. 참여자는 자식을 키우고 힘든 농사일 대부분을 도맡아서 하였다. 남편의 사망으로 농사일이 모두 자신의 차지가 되었어도 언제나 해 왔던 일상생활 중에 그저 조금 더 해야 하는 일이라고 생각하고 본인이 감수해야 하는 몫으로 생각하면서 자신이 복이 없어서 그런 것이라고 생각하였다. 살아생전 원망하며 지내왔던 부부관계로 남편에 대한 기억은 원망과 회한으로 남게 되었고 그다지 결혼 생활에 만족스럽지 않았다. 그러나 원망과 회한으로 지내왔던 남편의 죽음이 홀가분하게 느껴질 줄 알았지만 그렇지는 않았다. 비록 든든하지는 않았지만 남편이라는 이름으로 나를 지켜주었던 남편의 사망을 어쩔 수 없는 일이며 누구나 한 번은 가는 길이라고 생각하면서 피할 수 없는 생활사건이라고 생각하였다.

(2) 현실 적응형

이 유형의 참여자들에게 울타리가 무너져 내림의 정도는 보통이었다. 이들 참여자의 살아생전 금실 정도는 평범한 관계였으며, 건강 상태는 보통수준을 유지하였다. 참여자들의 지원체계가 많으며 경제적인 지지가 보통수준 정도를 유지하며 이들 참여자가 혼자서 감당하지 않도록 가족 혹은 자녀들의 지지 정도 또한 긍정적이며 적극적인

편으로 참여자들이 현실을 받아들이는 데 도움을 주었다. 그럼으로 참여자들은 현재의 상황을 끌어안고 생활의 변화를 시도하거나 기도를 하면서 극복해 내는 일에 보통수준을 유지하며 좀 더 적극적으로 전략을 수행할 수 있었다. 이에 따라 울타리가 무너져 내림으로부터 홀로 살아갈 길을 찾음에 있어 이들 참여자는 현실을 적응해야 한다는 기전을 사용하여 자연스럽게 현실에 적응하여 살아간다.

이 유형은 참여자 7, 참여자 13, 참여자 14로부터 나타났다. 구체적인 사례로 참여자 13은 배우자가 운동을 하러 갔다가 산에서 실족사하였다. 참여자는 몸이 불편하여 남편을 찾으러 산으로 갈 수 없어서 자식에게 전화를 하고 119에 신고를 하였지만 수색이 늦어졌고, 사망한 남편을 찾게 되어 안타까워하였다. 좀 더 효도를 받다가 돌아가셨으면 좋겠다는 생각을 하였지만 이러한 사별을 극복하면서 현실에 처해진 상황을 끌어안았다. 자녀들은 홀로 계신 어머니를 위하여 적당한 수준의 지지를 하였다. 반찬을 해다 놓고 과일을 챙겨다 놓으며 경제적인 지원을 적절하게 하였다. 또한 참여자는 신에게 의지하면서 현실을 받아들이기 시작하였고 이러한 가족의 지지를 통하여 남편을 잃은 상황을 현실적으로 받아들였다. 이 단계에서 홀로 살아갈 길을 찾음의 동기수준은 높은 편이나 행동수준은 소극적이었다.

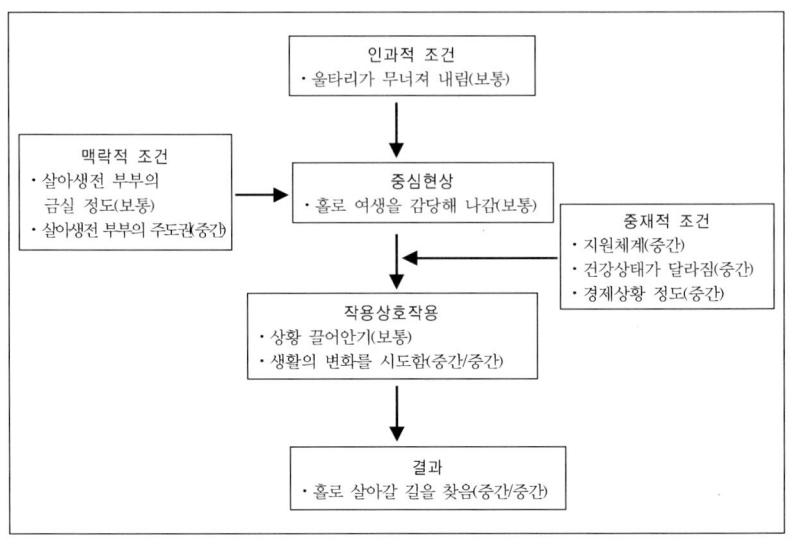

인과적 조건
· 울타리가 무너져 내림(보통)

맥락적 조건
· 살아생전 부부의
  금실 정도(보통)
· 살아생전 부부의 주도권(중간)

중심현상
· 홀로 여생을 감당해 나감(보통)

중재적 조건
· 지원체계(중간)
· 건강상태가 달라짐(중간)
· 경제상황 정도(중간)

작용상호작용
· 상황 끌어안기(보통)
· 생활의 변화를 시도함(중간/중간)

결과
· 홀로 살아갈 길을 찾음(중간/중간)

〈그림 11〉 '홀로 살아갈 길을 찾음'의 현실 적응형

(3) 미래 설계형

이 유형의 참여자들은 울타리가 무너져 내림 정도가 작다. 살아생전 부부의 금실이 좋아서 부부가 서로 의지하고 의논하면서 살아온 유형들이다. 참여자들은 배우자가 비록 사망을 하여서 충격이 심하고 슬픔의 정도를 심하게 느끼지만 함께 살아온 과정을 뒤돌아보며 자신의 남아 있는 인생을 남편과 지내왔던 시간만큼 소중하게 생각하며 슬픔의 상황을 지속적으로 유지하지 않았다. 이들은 배우자를 잃은 후 참여자 자신과 자녀들을 위하여 미래를 설계하고자 하였다. 참여자들은 건강의 정도가 나쁘지 않았으며 혹시 아프더라도 즉각적으로 병원을 방문하는 등 문제를 스스로 해결할 수 있는 능력을 갖고 있었으며 오히려 그동안 아파 왔던 몸이 좋아지는 것 같은 느낌도 경험하였는데 이는 죽은 남편이 지켜 주는 것이라고 굳게 믿으며 위로

를 받고 있었다. 가족과 자신을 위해 지내면서 지원체계가 높고 경제적인 지원이 좋기 때문에 좀 더 배우자와의 사별과정을 잘 받아들이고 새로운 삶을 위해서 도전하고 변화를 위해 노력하는 단계이다. 이 단계의 참여자들은 동기수준이 높고 행동수준 또한 적극적이었다.

이 유형의 참여자는 참여자 10, 참여자 11의 경우였으며 구체적인 사례로 참여자 11의 경우 새로운 삶을 찾아감에 있어서 좀 더 적극적인 기전을 이용하고 있었다. 젊은 시절 농촌생활을 하나도 알지 못하는 상태로 귀농하여 매우 힘들게 생활을 하던 중에 아들을 잃는 슬픔이 있었다. 장성한 아들을 사고로 잃고서 슬픔을 극복하는 과정에서 어려움을 겪었는데 남편의 사망은 아들과는 또 다른 슬픔이 있다는 것을 경험하게 되었다. 질병이 있었지만 신장투석 한 달 만에 갑작스럽게 사망을 하면서 울타리가 무너져 내림을 겪게 되었다. 그러나 이들 부부는 살아생전 서로 의지하고 의논하면서 작은 일도 함께 공유하면서 결혼생활을 해 왔다.

다리 통증으로 건강상의 문제는 있지만 이러한 변화는 늙으면 생기는 것이라고 생각하면서 병원을 다니며 치료해야 하는 사건으로 받아들이고 있었다. 남편이 남겨 놓은 농사일이 힘은 들지만 남편이 써 놓은 농사일기를 바탕으로 농사를 지어 보기로 하였다. 남편의 일기대로 농사를 지어 보니 신기하고 스스로가 대견스럽기까지 하였다. 이러한 농사일은 본인 스스로 건강을 지키기 위한 또 하나의 방법이라고 생각을 하게 되었고, 농사일로 인한 소득은 본인이 쓰기에 충분한 정도의 경제적인 만족감을 주었으며, 오히려 자식들에게 보탬이 되어 주고 힘이 되어 주는 것을 남은 삶 동안의 보람으로 생각하였다. 자녀들로부터 지원체계 또한 충분하게 충족되어 혼자 지내는 동안에 있었던 무서움과 두려움을 잘 극복할 수 있는 힘이 되었다. 집안 생활을 열심히 하였고, 또한 외부로 활동영역을 넓히면서 사람이 있는 곳에서 함께 지내려고 노력하고, 주부대학이나 노인대학에서 공부도 하고 노래교실도 다니는 등 남은 시간을 즐겁고 행복하게 지내려고 하였다. 이렇게 상황을 끌어안는 것에 자유롭고 생활의 변화를 위한 시도 또한 자유롭게 선택할 수 있었다. 참여자는 자식에게 피해를 주지 않고, 자신의 건강을 지켜가면서 살아가고 있었다.

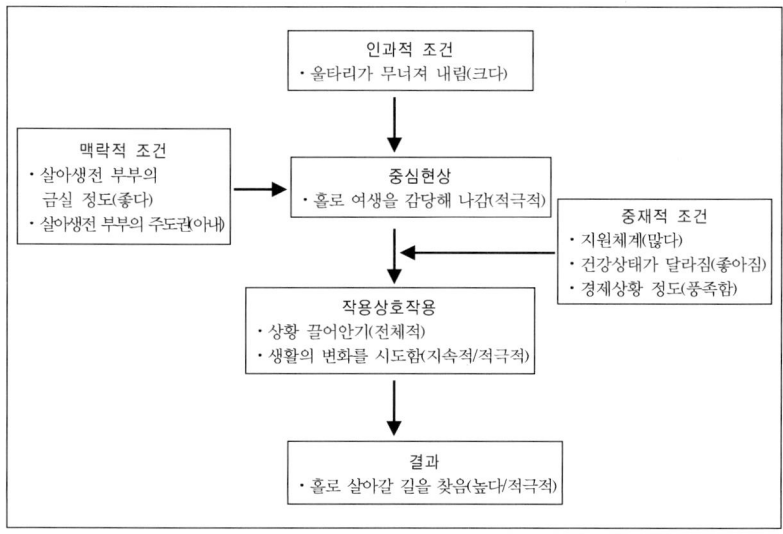

〈그림 12〉 '홀로 살아갈 길을 찾음'의 미래 설계형

4. '홀로 살아갈 길을 찾음'의 상황모형

상황경로는 직접적으로 현상과 연결하기 위하여 다양한 상황의 단계와 결과로서 일어나는 단계들을 통하여 작용/상호작용으로부터 발생한 사건, 우연한 일을 추적하는 것인데 이와 같은 추적은 연구에 매개변수를 제공하도록 도와준다. 이는 주어진 현상이 어디에 놓여 있고 이 현상에 대응하기 위하여 취해지는 전략들에 관한 것을 이해하는 데 도움이 된다.

본 연구에서 배우자 사별을 경험한 농촌여성 노인이 슬픔을 적응하는 과정에서 삶을 찾아감의 과정에 대한 상황모형을 다음과 같이 나타내 보았다(<그림 13>). 이 그림은 원통모형으로 되어 있으며 나와 가족 그리고 이웃의 지지, 즉 생활지원, 정서지원, 경제지원을 통하여 울타리가 무너져 내림에 대한 현상을 받아들이고 홀로 살아갈 길을 찾아가는 데 도움이 되는 경로를 모형으로 나타내었다. 원통의 아랫부분은 울타리가 무너져 내림 후 충격과 감정분출단계로 모든 에너지는 참여자 자신에게 집중이 되어 있고 마음의 공간 또한 좁고 협소하였다. 즉, 마음의 문을 닫고 스스로의 슬픔과 충격에서 헤어나지 못하는 단계를 그림으로 표현하였다. 점차 참여자들은 가족의 지원을 통하여 홀로 여생을 감당해 가기 위한 노력을 하였고 이를 통하여 참여자들은 홀로 여생을 감당해 나가기 위한 마음을 조금씩 확대시키며 넓어졌다. 이들 참여자는 이웃과 사회로 점차 확대 이동해 가면서 적응하게 되는 과정을 그림으로 표현하였다. 그러나 모든 참여자가 순차적 단계를 통하여 배우자 사별 적응과정을 거치는 것은 아니며 이러한 각 단계는 원통을 둘러싼 회오리 그림처럼 돌면서 순회

하고 섞이고 희석되면서 점차로 확대되어 적응하는 모습을 설명하였다. 이들 참여자는 울타리가 무너져 내림의 현상 속에서 나, 가족, 이웃과 사회 속에서 홀로 여생을 감당해 나가기 위한 상황 끌어안기, 생활의 변화를 시도하기를 통하여 홀로 살아갈 길을 찾음을 그림으로 설명하였다.

즉, 배우자 사별로 인하여 오는 '울타리가 무너져 내림'으로 인한 인과적 요인이 '홀로 여생을 감당해 나감' 현상으로 나타나며 각 수준에 따른 상황적 조건과 전략, 과정 및 결과 간의 관계는 다음과 같다.

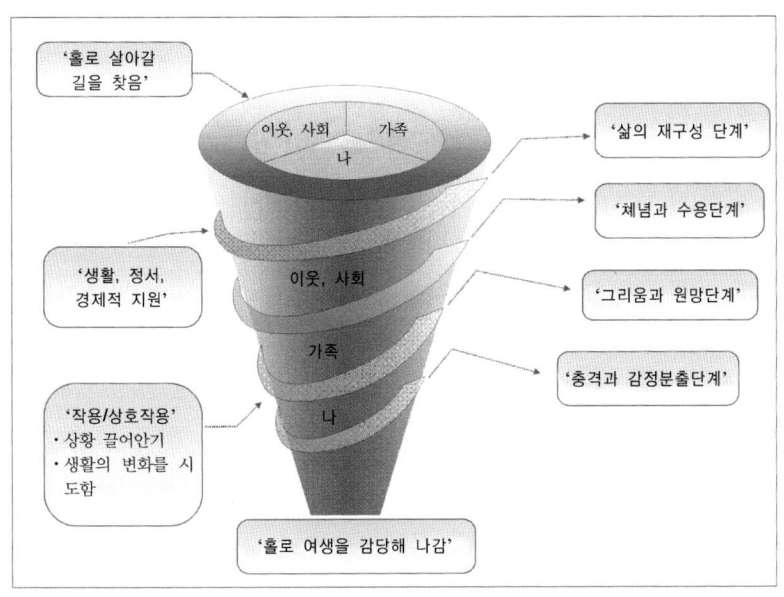

〈그림 13〉 '홀로 살아갈 길을 찾음'의 상황모형

1) 개인 수준

이 수준은 개인의 내적 차원에서의 과정을 살펴보는 수준이다. 참여자들은 배우자 상실로 인한 울타리가 무너져 내림을 경험하면서 삶의 의욕을 잃고 넋이 나간 사람처럼 멍한 충격 상태를 경험하고 무감각해진다. 이러한 심적 울타리가 무너져 내림은 충격과 감정의 분출단계를 거치게 되는데 이때 자신감이 상실된 참여자들은 당당함이 없어지고 배우자가 살아 있을 때 경험하지 못했던 자격지심과 대인기피 등 움츠림을 경험하게 되고 작은 일에도 예민하게 반응한다. 이러한 과정을 통하여 참여자들은 가족에 대한 책임감 혹은 자신의 새로운 생활을 위하여 삶을 찾아가려고 한다. 시간이 경과되면서 스스로를 바라보는 여유가 생기게 되고 자신이 초라해 보이지 않으면서 자식들과 다른 사람들에게 피해를 주지 않으려고 노력하면서 남은 인생 동안에 건강을 잃지 않으려는 노력을 시도한다. 이러한 현상들은 배우자 사별 후 적응에 대하여 많은 부분 긍정적인 영향을 미치게 된다. 이들은 배우자 사별 후 적응하는 과정에서 참여자들이 지속적으로 홀로 살아갈 길을 찾음을 위해 애를 쓰고 노력하고 있으며 자발적인 행동을 하였기 때문에 개인적 수준으로 정하였다.

2) 상호작용 수준

상호작용 수준은 참여자들의 슬픔과정을 극복하는 과정을 홀로 살아갈 길을 찾음의 과정 중에 자신의 개인적 수준과 함께 자녀와 가족 혹은 이웃, 교회, 소속되어 있는 단체 등과 함께 끊임없는 상호작용을

통하여 나타내고 있다. 상호작용은 주로 가족, 특히 자녀들과의 상호
작용이 매우 중요한데 참여자들은 상호작용 수준이 적은 경우에는
정서적인 안정감이 적고 경제적인 지원이 적어서 불안감이 있으며
현실을 사는 것에 힘들어하거나 혹은 운명적으로 받아들인다. 하지만
상호작용 수준이 보통 수준일 때에는 현실에 적응하면서 홀로 살아
갈 길을 찾음으로 이행한다. 이 과정에서 자녀나 주변사람들의 지원
에 의해 영향을 받으며 지속적으로 정보를 탐색하고 새로운 변화를
위한 시도를 하면서 자기 방식을 만들어 가는 과정을 보였다. 홀로
여생을 감당해 나감은 상황을 끌어안기, 생활의 변화를 시도하기 등
의 기전을 이용하여 상호작용을 하였다.

이와 같은 기전을 이용하여 이루어지는 과정은 참여자 자신과 그
주변의 타인이나 슬픔을 극복하기 위해 행해지는 행위와의 관계 속
에서 이루어지는 것으로 이를 상호작용 수준으로 간주하였다.

3) 가족/사회 수준

참여자들은 사별 초기에 가족, 특히 자녀들의 정서적 지지에 위로
를 받았다. 이 시기에 감정의 변화가 심하고 그동안 경험하지 못하였
던 다양한 감정의 변화 경험 중에 자녀들의 지지는 참여자들의 어려
운 시기를 잘 견뎌낼 수 있도록 도움을 주었다. 배우자 사별로 인해
참여자들은 외부로부터의 차단을 하고 이웃은 피하고 싶은 사람들이
었다. 이웃들은 참여자와 사소한 동네에서 일어나는 문제를 의논해
주지 않았고, 혼자 사는 참여자를 무시하고 깔보는 것 같아서 소외감
을 느꼈고 밤마다 무서움에 시달려 불을 켜 놓거나 문단속에 더욱 신

경을 쓰게 되었다. 그러한 반면에 친분이 두터운 이웃들은 혼자 지내는 참여자에게 혼자 밥을 먹어야 하는 외로움이나 혼자 잠자는 것에 대해 도와주고 챙겨 주며 위로해 주기도 하였다. 참여자들은 배우자 사별 후 슬픔을 극복하는 과정에서 젊은 여성이 배우자 사별을 한 경우에 나보다 얼마나 더 힘들까를 생각하게 되었고 애잔한 마음을 갖게 되었다. 또한 비슷한 나이 또래 배우자를 상실한 여성인 경우에는 동지애를 느꼈으며, 슬픔을 극복하는 과정, 슬픔의 극복기간 등에 대한 이야기를 나누며 서로 위로를 받기도 하였다. 또한 여자들의 몸으로 밥을 해 먹기도 힘든데 사별 후 홀로 남은 남성 사별자들은 얼마나 더 생활하기가 힘들까를 생각해 보기도 하며 안타깝게 생각하기도 하였다. 참여자들은 외부기관에 참여하면서 공동체 생활에 적극적으로 활동하였고 다른 사람과의 관계를 통해서 사별의 어려움을 극복해 내고 집에서 혼자 지내기보다는 경로당에 참여하고 친구들과의 만남을 통해서 위로를 받으며 슬픔을 극복해 낸다. 이렇게 자신의 경험을 통하거나 사회적 관계를 통하여 적극적으로 관심을 보이기도 하고 사별에 적응하기 위한 자기 관리를 강화하기 위하여 적극적인 전략을 사용함으로써 사회 수준에서 상호작용하고 있는 것으로 나타났다.

5. 연구결과의 검증

Morse(2005; 신수진, 2006 재인용)는 연구결과는 개개인의 사례와 사례 간에서 통합 및 탈맥락화되고 추상화되는 과정을 통해 개인들이 자신을 인식할 수 없어야 하나 연구자가 참여자의 반응을 확인하려 한다면 결과를 기술적으로 표현해야 한다고 하였다. 따라서 대상자에게 가서 결과를 확인하는 member checking은 연구결과의 검증을 위한 전략이 아니라고 주장하였다.

이에 본 절에서는 Morse(2005; 신수진, 2006 재인용)가 제시한 검증을 위한 주요 전략의 기준에 의해 연구결과의 타당성을 평가하였다.

1) 연구자의 반응성

연구자의 창의성과 민감성, 유연성과 기술이 연구결과의 질을 결정한다. 예를 들어 분석은 추측과 질문, 자료를 통한 확인이라는 역동적인 과정이며 이 과정은 앞으로 대상자를 어떻게 선정할 것인가를 결정하게 된다. 또한 중복과 확인은 범주화와 포화의 기본이다. 따라서 연구자는 개방적 태도를 유지하고 민감성과 창의성, 인식을 사용하여 잠재성과 흥미와 상관없이 지지가 약한 부분을 기꺼이 버려야 한다.

따라서 본 연구자는 연구결과의 타당성을 위해 지속적 비교와 이론적 표본 추출과정을 통하여 자료의 포화 상태까지 자료를 분석하였으며, 이론적 민감성을 가지고 자료를 분석하였다.

2) 방법론적 일관성

연구결과의 타당성을 위해서는 연구 질문과 방법론적 요소 사이에 일치성을 확인해야 하며 연구과정이 선행적 과정이 아니어야 한다.

즉, 자료를 다루는 과정에서 연구 질문이 변경되거나 방법에 수정이 가해질 수 있고 그에 따라 표본 추출이 달라질 수 있기 때문이다.

본 연구에서는 '사회 문화적 맥락에서 농촌여성 노인의 배우자 사별 후 슬픔 적응과정을 어떻게 거치며 이들 경험의 구조는 무엇인가?'이 며 본 연구문제를 위해 근거 이론적 접근방법을 적용하면서 방법론 선택의 배경을 제시하였으며 순환적 연구과정을 거치고 이론적 표본 추출을 적용하였으므로 방법론적 일관성이 타당하다 하겠다.

3) 표본 추출의 충분성

표본 추출의 충분성이란 참여자 선택의 적합성(appropriate)과 현상 에 대한 충분한 자료가 모아졌는지에 대한 적정성(adequacy)을 말한다.

본 연구에서는 이론적 표본 추출을 통해 이론적 포화에 이를 때까 지 참여자를 표본 추출하였으므로 이를 표본 추출의 충분성을 충족 한다 할 수 있다.

4) 자료 분석

자료로부터 나온 아이디어가 새로운 자료 수집을 통해 재확인되어 야 한다. 따라서 본 연구에선 자료에 대한 추측과 분석, 확인 절차가 반복적으로 이루어지는 순환적 코딩 절차를 적용하였으므로 자료 분 석 과정을 통한 검증이 이루어졌다고 볼 수 있다.

5) 이론 개발

　이론은 보편적이고, 논리적이고, 엄격해야 하며, 일관성이 있어야 하며 이를 위해서는 문헌과의 연결이 있어야 한다.

　따라서 본 연구에서는 문헌고찰과 이론적 코딩을 통해 이론에 사용된 개념의 정의를 확인하면서 논리적으로 일관성을 찾고자 하였으나 이론에 대한 정립 후 검증연구를 통해 배우자를 사별하고 홀로 남은 여성 배우자 모두에게 보편적으로 적용 가능한가에 대한 실제적 적용의 과제가 남아 있다고 하겠다.

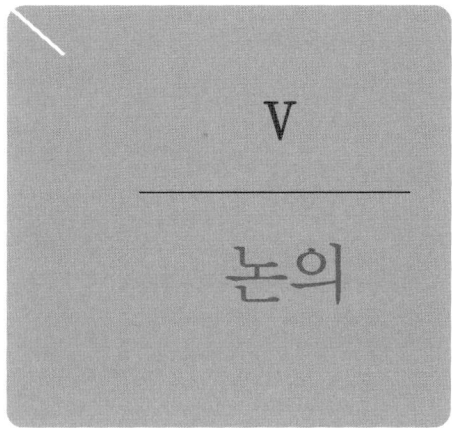

V
논의

    본 연구는 노인여성 배우자 사별 후 적응과정을 설명하는 실체이론을 개발하는 것을 목적으로 배우자 사별 후 적응과정에서 무엇을 경험하며 어떻게 대처하는지를 파악하고자 하였다. 본 연구결과 농촌여성 노인 배우자 사별 적응과정 경험에 대한 중심현상은 '홀로 여생을 감당해 나감'이었으며 시간이 경과함에 따라 대처하는 전략과정을 설명하는 핵심범주는 '홀로 살아갈 길을 찾음'이었다.

    따라서 연구자는 농촌여성 노인의 배우자 사별 후 슬픔 적응과정에서 경험하는 '홀로 살아갈 길을 찾음'에 대한 단계별 복지중재와 이들에 대한 사회·문화적 관점, 그리고 본 연구의 노인복지학적 의의를 논의하고자 한다.

1. 배우자를 사별한 농촌여성 노인의 복지중재

배우자를 사별한 농촌여성 노인을 위한 복지중재는 시간의 흐름에 따라 단계별로 나타나는 심적, 경제적, 사회적 변화를 근거로 제공되어야 하므로 사별경험에 대한 단계별 복지중재를 논하고자 한다.

1) 홀로 여생을 감당해 나감에 대한 충격과 감정분출단계

본 연구의 참여자들은 갑작스러운 사고 혹은 만성적인 질환으로 배우자 사망을 직면하게 되면서 남편의 죽음을 인식하였다. 배우자 사별을 경험한 참여자는 정서적, 사회적, 영적인 슬픔을 경험하면서 울타리가 무너져 내림을 경험하였다. 배우자들의 사인이 만성질환이냐 우발적인 사고로 인한 사망이냐에 따라 충격의 강도는 다르다(정연강 외, 1998). 그러나 본 연구에서는 오랜 기간 만성질환을 앓고 있었던 참여자라고 하더라도 배우자 사망을 '이렇게 빨리 갈 줄 몰랐다', '조금만 더 살아 주길'이라는 참여자의 진술로 보아 배우자의 연령이 높다고 하더라도, 또는 죽음을 예측하였더라도 예상보다 빨리 닥친 배우자의 죽음을 받아들이는 것은 충격이었다. 양복순(2002)의 연구에서는 충격단계로 설명하였고, 김옥라(2002)의 연구에서는 절망적이 되고 무감각의 상태가 되어서 신체적 운동이 매우 늦어지고 명한 상태가 되는 시기라고 설명하였다. 이 시기의 특징은 사별기간에 나타날 수 있는 정상적인 반응이라고 할 수 있다.

또한 배우자 사별 후 슬픔의 크기에 영향을 주는 변수로 부부애정 정도를 지적하였는데(Bernstein, 1996) 본 연구에서도 살아생전 부부의 금실 정도에 따라 달라짐을 알 수가 있었다. 평소에 다정하게 살아보지 못하고 다툼을 일상적으로 해 왔던, 부부갈등이 심했던 참여자의 경우에는 남편을 원망하고 미워하였다. 이들은 자신에게조차 회한이 남아 아쉬워하게 되며 팔자려니 하고 자신의 삶을 한탄하며 원망하게 된다. 반면 아이를 낳고 의무적으로 살면서 소원하게 살아온 부부의 경우에는 남편의 사망조차도 일상적인 생활사건으로 받아들이고 사별을 적응하는 데 오히려 거부감 없이 일상으로 빠르게 복귀하면서 일상적인 생활사건으로 받아들였다. 그러나 부부금실이 좋았던 부부는 울타리가 무너져 내림의 정도가 심하고 감정의 분출과정에 심하게 반응한다. 하지만 살아생전의 부부의 금실이 좋았던 참여자는 남편이 남겨 준 일상생활 속에서 할 일들을 참여자 자신이 당연하게 해야 하는 몫으로 여기면서 최선을 다하려고 하였다. 또한 남편에 대한 그리움을 느끼면서 힘들어하기도 하고 추억에 젖어 보기도 하지만 당당하게 홀로 여생을 감당해 나가기 위하여 상황을 끌어안고 생활의 변화를 시도하는 데 적극적인 태도를 보였다. 이렇듯 살아생전의 부부금실이 좋은 참여자들은 슬픔에 적응하는 데 오랜 시간을 거치게 되지만 최종적으로 삶을 재구성하는 단계에서는 살아생전 남편과의 탄탄한 결혼관계, 지원체계 등을 바탕으로 홀로 살아갈 길을 찾아감에 빠르고 적극적으로 정착하게 된다.

일반적으로 이 시기에 복지 실천가들은 환자의 사망과 함께 유가족에게 특별히 제공해야 할 도움이 없다고 생각하게 되어서 더 이상의 방문이나 돌봄을 하지 않는 경우가 있다. 그러나 장례식을 마치고 가족과 친지 등이 유가족을 떠나게 되는 이 시기는 사별자를 비롯하여 유가족에게는 대단히 어려운 시기가 된다(Miller 등, 1980). 본 연구에서도 참여자들은 혼자 있는 시간이 너무 싫어서 '집에 들어가지 않고 밖에서 빙빙 돌아다니기만 하고', '무서워서 도저히 잠을 이루지 못한다'는 진술이 많았다. 이는 정연강(1998)의 연구나 양복순(2002)의 연구에서도 나타난 바와 같이 남편을 떠올리면 무섭고 두려운 경험을 한다는 결과와 일치하였다. 또한 그동안 가족들과 타인들 앞에서 내색하기 어려웠던 슬픈 감정이 분출되고 자식에게도 말할 수 없는 슬픔을 느꼈다. 참여자들은 갑작스럽게 사망한 경우에는 멍한 상태로 슬픔조차도 느낄 수 없는 감정을 경험하게 된다. 또한 참여자들은 배우자가 만성질환으로 질병을 앓고 있었지만 누워서라도 자신과 함께 오랜 시간 동안 같이 살 것이라고 기대하였는데 남편의 사망으로 이제는 더 이상 기다려 줄 사람도 없고, 나와 이야기를 나누어 줄 대상자도 없고, 더 이상 푸념할 대상자도 없다는 상실감에 망연자실한다. 즉, 가족 친지들이 떠나고 홀로 남아 있는 경우 사별자를 위한 다른 차원의 돌봄이 필요하다는 것을 알 수가 있다. 그러므로 복지실천가들은 사별 후 홀로 남겨진 사별자에게 심리적 지지를 제공해야 할 필요성이 있다. 장례를 마치고 난 후 가족들의 지지가 필요함을 인식시켜 주고 이들의 정서 상태를 점검할 수 있는 가족, 이웃 등의 인적 자원을 활용하여 지지자를 조직하고 적절히 배치하는 등 돌봄 활동을 적극 확대하는 것이 바람직하다.

또한 이 시기에 참여자에게는 정서적, 인지적 지지가 중요한데 배우자의 유품을 스스로 정리하도록 함으로써 배우자의 죽음을 인식하고 간접적으로 배우자 사망에 대한 확인을 함으로써 참여자들에게 배우자 사망을 수용할 수 있도록 하는 데 도움을 주게 된다. Jongsma(1995)는 배우자의 산소를 방문하거나 배우자에게 작별 편지를 써 보도록 독려하여 상실에 대한 느낌을 표현하는 것이 도움이 된다고 하였다. 본 연구자는 아버지가 돌아가신 뒤 삼우제, 49제, 첫 기일 등 세 번에 걸쳐서 '고인의 추억을 말하기', '고인의 빈자리에 대해 이야기하기', '고인이 없는 지금의 생활 이야기하기' 등 가족 모두가 돌아가면서 고인에 대한 이야기를 나누었다. 이러한 과정을 통하여 어머니는 남편을 기억하는 이야기를 나누며 마음의 위로를 받았다. 또한 사망을 인식하게 되었으며 편하게 고인을 떠나보낼 수 있도록 도움이 된다고 하였다. Shives(1998)는 또한 좋은 청취자로서 참여자와 같이 있어 주고 경청하면서 참여자 자신이 문제를 스스로 확인하거나 인정하고 이를 해결하기 위하여 의지를 찾도록 격려하고 지지해 주는 활동이 필요하다고 하였으며, Jongsma(1995)는 유사한 처지를 경험하는 자들과의 만남을 주선해 주는 것도 도움이 된다고 하였다. 본 연구의 참여자들도 먼저 사별을 경험한 이웃들을 통하여 슬픔을 적응하는 과정에서 나타나는 현상들을 듣고 자신의 슬픔과 비교하면서 위로받기도 하였다. 또한 본 연구의 참여자는 배우자 사별 후 삶의 의미를 상실하여 때로 배우자를 따라 죽고 싶은 충동을 느끼는 것으로 나타났다. 이들은 사랑하는 배우자를 상실한 것에 대한 격한 고통이기도 하며, 현재 자신이 처한 상황에 대한 낙담의 표현이기도 하다.

이 시기에 배우자를 잃은 슬픔을 겪는 대상자를 위한 지원체계를 살펴보면 우선적으로 가장 필요한 지지는 정서적인 지원과 일상생활 지원이다. 자녀들과 가족 이웃들의 전화나 자주 찾아와서 참여자와 이야기를 나누어 주는 것, 조용히 함께 있어 주는 것, 경청하는 것, 대화를 나누는 것 등의 정서적 지원 활동은 매우 중요하다. 그러나 이러한 지원들이 지나치게 완벽하게 이루어진다면 슬픔을 더욱더 연장시키기도 하기 때문에 슬픔 적응에 오히려 더 긴 시간을 초래할 수가 있다. 그러므로 지나치지 않는 범위 내에서 효과적인 돌봄이 이루어져야 한다. 김용태(2000)의 연구에서도 간헐적인 지지가 더 효과적일 수 있다는 것이 사실로 나타났다. Kain(1981)은 배우자 사별 후 사람들이 동정을 표해 주길 바라는데 그것은 아직도 누군가의 사랑을 받고 있다는 확인을 받고 싶은 마음이 있기 때문이라고 하였다. 짧은 기간이라도 시간을 같이 보내 주는 것, 음식을 준비해 와서 같이 식사를 하는 것, 같이 쇼핑을 가는 것 등의 사소한 측면에 참여하는 것이 도움이 됨을 지적하였다. 본 연구에서도 참여자들은 자녀들이 함께 잠을 자 주는 것이 무서움을 해소하는 데 도움이 된다고 하였으며 이웃들이 식사를 준비하여 대접해 주는 것, 자녀들이 반찬을 만들어서 냉장고를 채워 주는 것 등의 생활지원이 사별 후 홀로 적응하는 데 도움이 된다고 하였다. 그러나 인사치레로 하는 위로나 동정은 오히려 참여자들의 자존감을 손상시켰는데 이 시기에 참여자들은 마을 사람들을 피해 다니거나 사람 만나는 것을 두려워하기도 하였다.

2) 홀로 여생을 감당해 나감에 대한 그리움과 원망단계

이 시기의 울타리가 무너져 내림을 경험한 참여자는 충격과 감정 분출단계를 거쳐서 그리움과 원망단계에 이른다. 이때 울타리가 무너져 내림을 경험하게 되는데 남편의 죽음을 실감하기 시작한 참여자들은 가족을 남겨 두고 혼자 간 남편이 원망스럽다. 특히 생일날이나 가족의 모임 등이 있을 때 혹은 의논할 일이 생겨날 때 참여자들은 남편의 사망을 실감하여 그리워하기도 하며 원망하기도 한다. 특히 부부로 함께 살아왔던 세월 동안에 참여자 편을 들어 주지 않았던 남편이 원망스럽고, 부부의 정을 느끼지 못한 것이 끝내 원망스러운 것은 다시는 살아서 오지 않을 남편에 대한 그리움 때문이며 다정하게 살아 보지 못한 부부생활의 종지부를 찍어야 한다는 것에 대한 원망이었다. 정명숙(2007)은 배우자가 없는 경우에 심리적인 위축감으로 인하여 우울감을 갖기도 하며, 배우자의 상실로 경제적으로 불충분하고 건강이 열악해지면서 심리적인 위축감을 가져와 삶의 만족을 떨어뜨린다고 하였다. 이와 같이 본 연구에서도 참여자들은 남편의 사망과 함께 그동안 해 왔던 농사일에 대한 변화가 생기게 되었다. 또한 농사일의 변화는 경제적인 변화를 일으키는 계기가 되었다. 정명숙(2007)은 노년기 삶의 질에 영향을 미치는 요인 중 가장 영향력이 큰 변수가 소득수준이라고 하였다. 본 연구에서도 경제력이 없는 참여자는 배우자에 대한 원망이 컸는데 홀로 여생을 감당해 나감이 힘든 경우였다. 참여자들은 감정의 표현방식에 차이를 보였는데 외로워서 눈물을 흘리는 시간이 많고 '너무 힘이 들고 제일 힘든 것은 외로움이야'라는 참여자의 진술처럼 홀로 있는 시간 동안에 외로움이 컸다. 특히 밤에 눈물을 흘리면서 죽은 남편의 사진과 이야기를 나누다가 잠을 자기도 한다. 배우자와의 사별을 연구한 선행논문에서도 배우자와의 사별로 인해 경험할 수 있는 가장 보편적이면서 견디기 힘든 어려움은 외로움이라고 보고하였다(Lopata, 1993). 본 연구에서도 먼저 간 남편이 너무 안쓰럽고 불쌍하고 미안하기도 하지만 남편이 없음으로 인해 다른 사람에게 무시당한다고 느끼고 있으며 서러워서 더 남편이 그리워지고 그리움 때문에 울게 되고 울면서 자신을 보게 되고 그런 자신이 우울해서 또 슬퍼지고 더 이상 남편을 만날 수 없기 때문에 슬퍼지고 만날 수 없는 것이 원망스러워진다고 진술하였다. 김수지(1997)는 죄책감은 사별한 사람이 아프게 된 것, 또는 죽게 된 것이 자신의 책임이 크다고 말하는 것으로 본 연구의 참여자 또한 남편의 죽음이 자신의 탓이라고 생각되어 죄책감에 후회와 슬픔을 경험하게 되었고, 또 다른 참여자는 '내가 좀 더 상냥스럽게 했더라면' 하면서 후회를 하였다. 그러한 경험들은 남편에 대한 더 큰 그리움으로 몰아넣었고 이러한 감정들은 미움, 후회스러움, 아쉬움, 그리움, 외로움, 서러움, 스스로를 위로함 등으로 나타나며 이와 같은 감정은 분리되어 나타나는 것이 아니라 동시에 여러 가지 감정이 섞여서 나타남으로 이러한 특징을 고려하여 노인복지실천에 적용하는 것이 필요할 것이다.

3) 홀로 여생을 감당해 나감의 체념과 수용단계

본 연구의 참여자들은 울타리가 무너져 내림을 경험하면서 홀로 여생을 감당해 나가기 위하여 전력을 다하고 있음으로 자신을 돌보거나 자신을 살펴볼 틈이 없는 것으로 나타났다. 참여자들은 해결해야 할 당면문제로 충격에만 머물 수도 없고 그리움과 원망함에 머물러 있을 수도 없는 실정이었다. 건강은 점점 나빠지고 나빠진 건강 때문에 하던 일을 중단하게 됨으로 이것은 곧 경제적인 어려움에 처하게 된다. 이들 참여자에게 울타리가 무너져 내림 현상은 곧 경제적인 어려움에 처하게 됨을 실감할 수가 있었다. 대부분 참여자의 실질적인 어려운 문제는 경제적인 어려움에 처하게 되는 것이었다. 이들은 '먹고 살 일이 걱정이지'라는 어려움에 처한 것처럼 일을 하지 않으면 먹고 살 수가 없어서 일을 할 수밖에 없는 상황에 이른다. 이러한 상황을 직시하면서 참여자들은 남편의 죽음을 완전하게 받아들이며 살아가려고 애를 쓰기 시작한다. 이들 참여자는 마음을 추스름으로 자신이 처한 상황을 그대로 받아들이기 시작하면서 상황을 끌어안으려는 마음으로 바뀌게 되었다. 시간이 흐를수록 자신의 상황들이 점차로 받아들여지고 남편에 대한 힘들었던 기억들이 차차 희미해지며, 남편의 병수발과 병원비로부터 자유로워짐으로 일상생활에 복귀하고자 하는 마음을 갖게 된다. Parker(1986)는 슬픔의 과정을 무감각함(numbness), 그리워함(pining), 우울(depression), 회복(recovery)의 4단계로 제시하였으며 우울단계가 지나면서 슬픔의 과정이 회복된다고 하였고, 본 연구에서도 이렇게 힘든 과정을 통해서 서서히 극복해 나가게 된다는 것을 알 수 있다. 특히 '내 앞에서 죽는 것이 복이 있는 것이지'라고 남편의 죽음을 생각하거나, '삶과 죽음의 이치를 알고 있는데 죽음이란 것은 어쩔 수 없는 일이지'라며 체념하기도 한다. 그럼으로써 애써서 남에게 명랑한 척 행동을 하면서 마음을 추스르기도 하였다. 특히 참여자들에게 미혼의 자녀들은 부모역할을 충실하게 해야 할 큰 이유로 남아 있었다. 미혼자녀들을 결혼을 시켜야만 부모로서 책임을 다하는 것뿐만 아니라 남편의 역할을 대신 충실하게 이행하는 것이라고 생각하면서 책임감으로 상황을 끌어안기도 하였다.

정명숙(2007)의 연구에서는 종교유형에 따라서 만족도에 차이가 있다고 하였는데 종교가 있는 노인이 무종교 노인보다 전반적인 생활만족도가 더 높다고 하였는데 이는 종교 활동과 관련한 사회적 관계망이 정서적, 도구적, 정보적 지지 등을 제공해 주어서 자신의 삶을 더 풍요롭게 하고 여러 가지 도움을 얻기가 편리하기 때문이라고 하였다. 본 연구에서도 참여자들은 신앙에 의지하며 고독한 생활을 잘 이겨 나가고 있었다. 참여자들은 "매일 매일 기도하면서 살아요. '종교가 없었다면 나는 정말 살수가 없었을 거예요"라고 진술을 하였다. 참여자들은 죽은 남편이 나와 가족을 보살펴 주기를 바라며 기도하기도 하고, 좋은 곳으로 가서 편히 쉬라고 죽은 남편을 위해 기도를 하는 등 자신이 처한 상황에 따라 체념을 하거나 받아들이기도 한다. 또한 자신보다 더 힘든 사람들도 바라보면서 오히려 자신의 상황을 감사하게 받아들이게 되거나, 다른 사람들을 보면서 상대적인 위로가 됨을 느끼게 된다. 이 시기에 사별자를 위해 복지를 실천하거나 도움을 제공하는 자는 사별자가 배우자를 잃은 슬픔을 적응하는 데 좀 더 효과적인 수용을 위해 적극적이며 끊임없는 지지가 필요하다.

4) 홀로 여생을 감당해 나감의 삶의 재구성단계

마지막으로 사별의 슬픔과정을 회복하는 삶의 재구성단계를 거치게 된다. 이 시기의 참여자들은 고인에 대한 감정적인 에너지를 철회하고 본인이 가장으로서 새로운 일에 몰두하게 되고, 자신이 처한 상황을 감사하게 받아들이며, 참여자들은 사별 후 약 12개월이 임박하였을 때 적극적인 전략체계를 활용함으로써 자신의 경계선을 재구성하고 비로소 자신을 돌아보는 여유를 갖게 되는 것으로 나타났다.

참여자들의 홀로 살아갈 길을 찾음의 속도는 매우 개별적이며 개인의 다양한 변수들에 의하여 영향을 받고 그 속도 또한 일정하지 않고 늦어지거나 혹은 빨라짐을 반복하며 앞으로 진행하는 특성을 지녔다. 또한 홀로 살아갈 길을 찾음의 과정에서 모든 참여자가 성공적인 것은 결코 아니다. Strobe(1987)에 의하면 배우자 사별 후 심리적 홀로서기를 실패할 경우 참여자는 우울한 생을 영위함으로 유배우자에 비하여 단명한 것으로 나타났다. 본 연구의 참여자들 중 '아무 계획이 없이 슬프기만 하고 어떻게 살아야 할지 막막하고 모르겠는' 상태에 머물러 있는 참여자도 있다. 이들은 경제적인 고달픔, 건강의 악화, 사회적 체계의 지지가 적음으로써 삶을 재구성하는 데 순조롭지 않은 경우이다. 이들은 '늙으면 다 죽는 것 아녀?'라고 마음을 다잡으며 배우자 사별을 피할 수 없는 생활 사건으로 생각하고 운명으로 받아들이는 참여자도 있었다. 이렇듯 운명으로 받아들이는 참여자들은 모든 것이 다 운명이고 팔자이므로 내가 가진 것도 못 가진 것도 모두 다 내가 감당해야 할 몫이라고 생각하였다. 본 연구 참여자들의 특성상 농촌지역에서 농사일을 하는 경우가 대부분이었기 때문에 농사일도 자신이 해야 할 일이라고 생각하면서 '혼자 살기 위해서는 독해야 살어'라고 진술하듯이 죽기 살기로 무조건 마음먹고 시간이 지나면 다 잊히겠지 하는 마음으로 현실에 적응하면서 묵묵히 자신의 삶을 찾아가는 참여자도 있었다.

또한 김미혜(2005)는 최근 연구에서 홀로된 여자 노인들에 있어서 사별은 오히려 여성의 유능함과 생존 능력을 강화시켜 삶의 위기와 고난을 극복하면서 개인적으로 성장하며 능동적인 존재로 살아가는 계기가 되기도 한다고 하였다. 본 연구 참여자에게도 이렇듯 자신의 삶을 능동적으로 주도하는 경우가 있었는데 이들은 자식에게 피해를 주지 않으려고 삶의 구도를 바꾸어 가면서 '앞으로 더 늙어서 양로원 이라도 갈라면 비용을 저축해야지' 하면서 앞으로 자신의 거취에 대한 계획을 세우기도 하고, '평생토록 건강을 지키며 살기로 했어'라고 하면서 힘든 농사일도 그만두고 새롭게 건강을 지키고자 하였다. 또한 생활의 변화를 주고 생활의 구조를 편리하게 살고자 하였으며 다양한 외부활동을 시작하고자 하였다. 노래교실이나 노인대학을 다니려고 등록을 하는 등 외부활동을 새롭게 시작하여 삶을 적극적으로 찾아가고 있었다. 주지할 사항은 이들이 삶을 재구성하고 이들의 경험이 단계별로 출현하고 없어지고 또 다음 단계로 이행되는 것이 아니라 수용과 재구성을 하는 단계에서 남편에 대한 추억을 해야 하는 사건이나 계기가 생기면 다시 전의 슬픔과정 단계로 되돌아가서 일상의 고통으로 다시 환원되는 순환체계를 이루고 있음을 알 수가 있다.

강인(1998)은 배우자 사별자 연구에서는 사별 여성의 연령이 낮을수록 사별 후에 더 많은 부적응을 경험하며 배우자 사별의 대부분을 노년기에 경험 가능한 규범적 사건으로 생각하기에 상대적으로 그 이전의 배우자 사별은 발달단계에서 비규범적인 극한 상황으로 받아들여진다고 하였다. 사별은 노년기에 경험하는 하나의 생활사건이기는 하나 노년기의 사별은 개인마다 매우 특별한 가치와 의미가 담겨있다. 참여자들에게 배우자의 사망은 자신이 살아온 가족의 역사, 개인의 역사를 부부가 함께 써 온 공동저서였던 부부의 생활사를 쓸 수 있는 마지막 페이지가 되는 것이며, 남편의 사망을 통하여 자신의 남아 있는 삶을 재정리해야 하는 또 다른 사건이다. 또한 평생을 함께 살아온 인생의 배우자를 마음으로 보낸다는 것은 설명하기 어렵고 복잡하고 미묘한 심정이 담긴 그 무엇으로도 설명할 수 없는 소중한 그 무엇이 있다. 이렇듯 노년기의 배우자 사별은 피할 수 없는 정서적인 충격을 주는 사건이기 때문에 이 고통의 과정 또한 직면해야 하고 그렇기 때문에 좀 더 이 과정을 잘 극복할 수 있도록 사별 지지가 잘 계획되고 수행되어야 할 것이다.

김수지(2001)는 호스피스 돌봄의 대상자의 범위를 생존해 있는 사별가족까지 포함하는 것이 원래의 목적에 포함된다고 주장하였는데 본 연구기간에 연구자도 임종자 돌봄도 중요하지만 임종을 한 후 혼자 남게 되는 배우자가 경험하는 울타리가 무너져 내림을 통하여 홀로 여생을 감당해 나감을 하면서 홀로 살아갈 길을 찾음의 과정까지 잘 수행해 낼 수 있도록 적극적인 프로그램이 절실히 필요함을 느꼈다. '죽은 사람은 죽어서 불쌍하지만 산 사람은 살아야 할 것 아니여?'라는 참여자의 진술처럼 남은 사람은 어떻게든 살아야 한다. 특히 연구자가 근거이론 방법을 적용하여 본 연구를 수행하는 과정에서 노년기 사별과정을 더욱 깊이 이해하게 되었다. 누구나 경험하게 되는 피할 수 없는 사건에 이러한 사별 적응을 돕는 프로그램이 미흡한 것에 대하여 적극적인 사별자 지지 프로그램 개발이 시급함을 느꼈다.

2. 배우자를 사별한 농촌여성 노인에 대한 사회·문화적 관점에서의 논의

배우자를 사별한 농촌여성 노인들이 겪게 되는 중심현상은 '홀로 여생을 감당해 나감'으로 나타났다. 여성에 있어서 배우자의 의미는 동반자, 경제적 수입원, 사회적 신분보호자, 심리적 지지자이며(Duvall, 1977) 본 연구에서도 다양한 지원을 제공하며 울타리 역할을 해 주던 농촌여성 노인의 배우자 사별은 앞서 연구에서 살펴본 바와 같이 홀로 여생을 감당해 나감이었다. 특히 배우자를 사별한 농촌의 여성 노인은 평생을 함께 살아온 남편을 잃음으로써 누구의 아내라는 사회적 신분이 무너지면서 사회생활에 적응하는 데 어려움을 경험하였다. 본 연구에서 참여자 11의 경우에는 동네를 지나던 취객이 대문에 큰 돌을 던져서 대문이 파손되었으며, 참여자 2의 경우에는 혼자 지내는 밤 동안에 동네 주민이 집 앞에서 소란을 피우면서 행패를 부리는 경험을 통하여 혼자 지내는 여성 노인을 가볍게 여기는 경향을 볼 수가 있었는데, 참여자 11의 경우에 동네에서 혼자된 여성 노인의 말이 '이제 혼자 지내 봐 조금 있으면 그놈들이 예사로 안 볼 거여'하며 문단속을 하라는 경험 어린 충고에 촉각을 세우며 무서움을 느끼게 되었다.

또한 참여자 9, 13의 경우에는 60대 초반에 남편이 사망한 것을 참여자 자신이 남편의 질병을 치료해 주지 못해서인 것처럼 느끼고 아내인 자신을 잘못 만나서 명이 짧은 것이 아닌가 하는 생각을 하기도 하였다. 이는 우리 사회에 남아 있는 백년해로를 못하고 지아비를 잃음은 기혼여성이 지아비를 잘못 섬겨서 타계한 것처럼 인식하는 오래된 관습과 가부장적인 문화의 영향으로 사료된다. 참여자 9는 '내가 남편의 병을 고쳐 주지 못해서 죄인 같다'고 진술하였다.

또한 참여자 대부분은 남편이 사망한 후 바깥출입을 할 수가 없었다. '남들이 욕하는 것 같아서 밖을 나갈 수가 없으며', '사람들을 만나기가 싫고, 내가 나가는 것도 싫고 우리 집에 누가 오는 것도 싫으며'라고 진술한 참여자들은 배우자의 사망이 자신의 실책이라고 생각하고 있었다.

본 연구에서의 참여자들은 모두 오랜 기간 부부가 함께 살아오다가 배우자가 사망한 후 홀로 살기로 결심을 하였다. 2007년 송유진에 의하면 노인 1인 가구는 여성 노인 1인 가구가 76.5%로 남성 노인 1인 가구 23.5%보다 3배 이상이 높다. 또한 여자 노인들은 남자 노인보다 장수하지만 가정 외부보다는 가정 내 역할에 전념하였고, 임금도 남자보다 낮았기 때문에 경제적으로 빈곤할 수밖에 없었다. 2009년 보건복지부의 조사에서 남성 노인이 여성 노인보다 소득이 2.7배 높고 용돈도 1.8배 많아서 남녀 노인 간 경제 차이가 큰 것으로 밝혀졌다. 특히 본 연구는 농촌여성 노인을 중심으로 살펴본바 배우자가 사망함으로 주 소득원이던 농사일이 없어지거나 축소됨으로 인하여 더욱더 큰 경제적인 타격을 입게 되었다. 참여자 3은 배우자 사망 후 경제적인 어려움으로 먹고살 것을 걱정하였고, 참여자 7은 몸으로 벌어먹어야 하기 때문에 노인이 된 후에도 농사일을 계속해서 할 수밖에 없는 처지에 이르렀다. 이는 농업사회의 현실을 반영한 결과이다. 본 연구에서는 참여자가 울타리가 무너져 내림을 경험한 이후 홀로 여생을 감당해 나감을 향하여 노력하고 극복하며 적응하는 기간이 12개월인 것을 알 수가 있었다. 그러나 모두 똑같은 기간이 지나야 하는 것은 아니며 개인차가 있다. 이들 참여자는 이렇게 각자의 특성에 맞게 홀로 살아갈 길을 찾기 위해 노력하는 것을 알 수가 있었다. 사별기간에 따른 사별 적응 정도는 Kübler-Ross(1969)가 사별 후 중대한 일을 결정하는 시기를 1년 뒤로 미루도록 해 주는 것이 바람직하다는 주장을 한 바와 같으며 본 연구의 참여자들은 충격과 감정분출단계를 3~4개월 정도에 경험하면서 1년 정도의 적응기간을 통하여 미래를 다시 설계하는 시기를 접하게 됨을 근거자료를 통해 알 수가 있었다.

3. '홀로 살아갈 길을 찾음' 이론의 평가

질적 연구는 추상적이고 힘 있는 이론을 위한 작업이어야 하며 이론이 추상적이고 성숙되기 위해서는 구조가 간결한 개념을 개발하고 이론 내에서 개념의 위치에 따른 개념의 유형을 파악해야 한다(Morse, 2004; 신수진, 2006 재인용).

Morse(1997)는 질적 연구로부터 유도된 이론(Qualitative Derived Theory)의 평가를 위한 여섯 가지 기준으로 명확성, 구조, 논리적 일관성, 범위, 일반화 가능성, 실용성을 제시하였다.

1) 명확성

명확성은 모든 단계의 이론에 적용되는 것으로 '이론에 대한 설명이 구체적이고 완전한가?', '맥락이 설명되어 있는가?', '인용문이 적절하게 사용되었는가?', '부가적인 논평과 합성, 해석이 있는가?'를 사정함으로써 평가할 수 있다.

본 연구에서 밝혀진 '홀로 살아갈 길을 찾음'의 이론은 선택코딩과정에서 이야기 윤곽 전개를 통해 이론에 대한 설명을 제시하였으며, 구조와 과정에 대한 논의를 통해 부가적인 해석을 보충하였으므로 명확성을 가진다고 할 수 있다.

2) 구조

이론적 구조는 이론의 수준을 결정하는 가장 중요한 요소 중의 하나이다. 구조의 복잡성이 증가할수록 이론의 단계가 높아진다. 이론의 수준은 서술이론(descriptive), 해석이론(interpretative), 개발이론(disclosive), 실용이론(pragmatic)이 있다. 근거이론이나 개념개발 같은 방법은 개발이론(disclosive)에 해당하며, 이는 지식의 구조와 개념 간의 연결과 과정의 단계를 정하는 복잡함을 밝히는 것이다(Morse, 1997). 개발이론에서는 개념이 규명되고 개념들 간의 과정을 설명하는 연계인 선행요건과 결과 또한 기술된다. 따라서 '개념이 명확하게 서술되었는가?', '속성이 규명되었는가?', '개념 간의 연결이 잘 기술되었는가?', '이론으로부터 경험적 요소가 서술되는가?', '경계가 명확한가?'에 의해 평가된다.

근거이론의 접근을 사용하여 본 연구에서 도출된 이론은 노년기 여성 배우자 사별 후 슬픔 적응과정을 밝히는 개발 이론으로 구조적인 측면에서 개념이 정의되고 개념 간의 관계와 과정이 개방코딩과정에서 개념의 정의와 속성을 밝힘으로써 경계를 명확히 하였고, 축코딩과정에서 패러다임 모형에 의한 구조분석과 과정분석이 이루어졌으며, 이야기 윤곽 전개를 통해 경험적 요소에 대한 서술을 제시함으로써 이론의 구조를 갖추었다.

3) 논리적 일관성

질적 연구는 논리적 일관성을 가져야 한다. 미시적－거시적 연결이 그럴 듯해야 하며, 견고하고 명확해야 한다. 자료로부터 유도된 추론은 명확하게 기술되어야 하고 독자가 읽었을 때 명확해야 한다. 이에 대한 평가는 '미시적－거시적 연결이 그럴싸한가?', '이론이 명확하여 애매모호한 부분이 없는가?', '범주와 자료가 잘 맞는가?'에 의해 평가할 수 있다.

본 이론에서는 상황모형에 의해 미시적－거시적 연결을 제시하였고 용어를 일관성 있게 사용하고 각 범주에 대한 원 자료를 근거자료로 제시함으로써 논리적 일관성을 유지하였다.

4) 범위

개발이론에서는 과정을 포함하기 때문에 기술적 연구나 해석적 연구보다는 범위가 넓어진다. '이론이 설득력이 있는가?', '현상과 이론이 적절하게 연결되는가?'에 의해 평가된다.

본 연구에서는 이론에 대한 구조와 과정을 제시하고 핵심범주에 의해 현상을 설명하고 있음으로 이론의 현상과 이론이 적절하게 연결되어 있다고 할 수 있다.

5) 일반화 가능성

일반화 가능성은 추상화의 문제이다. 일반화 가능성은 이론이 다른 세팅에 재맥락화될 때 충족된다. 따라서 '이론이 개념과 실무에 대한 적용 가능성과의 연결이 적절한가?', '이론이 재맥락화되어 재적용이 가능한가?'에 의해 평가된다.

본 연구에서 밝혀진 이론은 개념의 추상화를 통해 개별적 일반화를 실시하였으므로 본 연구의 참여자가 아닌 다른 노년기 여성의 배우자 사별자가 슬픔 적응과정을 설명할 수 있다고 판단되므로 일반화 가능성을 충족한다고 할 수 있다.

6) 실용적 활용성

이론은 사용되어야 하며 계속적으로 적용 및 수정되어야 하며 실무에서 유용해야 한다. 따라서 '이론이 적용되는가?', '이론이 연구에 적용 가능하며 수정 가능한가?', '실무에 대한 현실적인 제언이 있는가?'에 의해 평가한다.

본 연구결과에 제시된 이론은 노년기 여성 배우자 사별 슬픔 적응과정에 대한 도구개발과 연구와 실무에서 단계별 복지실천 중재 개발을 위해 제공하였으나 실제적으로 즉시 활용 가능한 도구 개발과 실천적 복지 개발을 통해 노년기 통합 측면에서 실용적 활용성을 높여야 할 것이다.

4. 노인복지학적 의의

본 연구는 농촌여성 노인의 배우자 사별 후 적응과정에 대한 근거이론적 접근을 통해 그들이 사별 적응과정에서 어떤 문제를 경험하고 이러한 문제에 어떻게 반응하고 대처해 나가는지에 대한 과정을 설명하는 실체이론을 개발하였다. 그동안의 사별연구는 배우자 사별 적응과정의 대상자가 중년기 여성이거나 특별한 죽음을 경험한 배우자 사별이 대부분이었고 연구방법 측면에서 대부분이 양적 연구인 것을 볼 때 질적 연구방법인 노년기 여성의 배우자 사별로 인한 울타리가 무너져 내림을 경험하면서 홀로 여생을 감당해 나감으로 운명에 수용해 나가거나 현실에 적응해 나감 혹은 미래를 다시 설계해 나감으로 홀로 살아갈 길을 찾아가기까지 겪는 과정에 대해 포괄적이고 총체적으로 이해하고 그에 대한 이론을 제시했다는 것에 의의가 있다고 하겠다.

따라서 본 절에서는 연구결과와 관련된 복지학적 의의를 복지실무, 복지교육, 복지연구, 복지정책 측면에서 고찰하였다.

1) 노인복지 실무 측면

본 연구는 농촌여성 노인의 배우자 사별경험을 근거로 홀로 살아갈 길을 찾음의 과정을 연구함으로 복지실천 측면에서 다음과 같은 의의를 갖는다.

배우자를 사별한 농촌여성 노인의 생활과정과 그들이 경험하는 문제를 규명함으로써 대상자 중심의 요구를 파악하고 이 대상자들의 필요에 맞는 돌봄을 제공하는 실체이론을 개발하였다.

본 연구는 사별을 한 여성 노인의 사별 적응에 대한 홀로 사는 여성을 위한 입장에서의 전반적인 이해를 기반으로 노인복지 실천과 지역사회의 복지현장에서 복지실무에 새로운 통찰력을 제공할 것이며 사별 후 사별로 인한 슬픔과 혼란으로 일상이 붕괴되고 사별에 적응하지 못하여 가족의 기능이 저하된 홀로 남겨진 여성 노인을 위한 사정과 교육의 근거로 사용됨으로써 사별경험에 근거한 중재를 유도함으로써 호스피스 영역, 사별 영역에 중요한 지침이 될 것이다.

본 연구는 부부중심으로 살다가 남편의 사망으로 홀로 남겨진 배우자에 초점을 두고 대상자를 이해하려고 하였다.

홀로 여생을 감당해 나감에 대한 충격과 감정분출단계, 그리움과 원망단계, 체험과 수용단계를 거쳐 삶의 재구성단계를 통하여 새로운 생활에 도전함으로써 생기는 배우자 사별 후 농촌 노년기 여성으로서의 갈등 가운데 홀로 살아갈 길을 찾아감에 있어서 안내의 역할을 할 수 있으며 삶과 고통의 의미를 발견하고 돕는 노인상담의 제공, 노인복지 제공의 기본적인 근거를 제공하였다는 데 의의가 크다. 또한 사별자를 돕는 호스피스 영역의 중요성을 부각시키며 유가족 특히 홀로 남겨진 배우자를 위한 돌봄 서비스 영역의 중요성을 나타내었다는 측면에 의의가 있다. 본 연구는 배우자를 사별한 농촌여성의 홀로 살아갈 길을 찾음에 대한 구체적인 복지제공의 근거를 제공하였다는 데 의의가 있다.

2) 노인복지 교육 측면

노인복지학적 측면에서 복지의 질을 높이기 위해서 대상자의 요구사항을 정확히 파악하는 것은 필수적인 것이다. 사별을 경험한 개인적인 차원뿐만이 아니라 가족, 사회 등의 사회 맥락적 차원을 포함한 총체적인 접근을 할 수 있는 교육을 위한 논리적인 근거를 제시할 수 있을 것이다.

본 연구에서는 배우자를 사별한 농촌여성 노인의 사별 적응과정을 제시함으로써 노인복지를 공부하는 학생과 현장에 종사하는 실무담당 사회복지사에게 이론에 근거한 실무의 적용을 가능하게 하는 교육적 의의를 지니고 있다. 또한 본 연구를 통하여 구체적으로 제시된 노년기 홀로 남은 여성의 사별 적응과정을 단계별로 구체적으로 이해하는 개념적 기틀을 마련하여 운명적 수용형, 현실 적응형, 미래 설계형의 단계에 따른 노인복지 교육 프로그램 개발에 기초 자료가 될 것이다. 그리고 노년기 부부대상의 교육 시 본 연구의 내용을 근거로 한 교육 자료를 개발함으로써 배우자 부재 시의 상황을 간접 경험하도록 하여 부부의 소중함을 느낄 수 있는 효과를 기대하고 홀로 남겨질 대상자를 위한 교육 자료에 활용함으로써 효과를 기대할 수 있을 것이다.

3) 노인복지 연구 측면

본 연구는 농촌여성 노인의 배우자 사별 후 적응과정을 설명하였다. 사별에 대한 최근까지의 연구는 주로 사별 스트레스와 적응, 배우자를 사별한 중년여성 가족 스트레스와 배우자 사별 스트레스와 지지가 우울에 미치는 영향과 같은 양적 연구가 대부분이었다. 본 연구는 농촌여성 노인의 배우자 사별 적응경험에 대한 근거 이론적 접근을 통해서 양적 연구에서 기대할 수 없는 측면의 지식개발을 위한 총체적인 접근을 통해 실태조사나 관련요인에 대한 연구를 통해 파악하기 어려운 배우자 경험의 유형 및 맥락적 요인 등을 파악하여 실체이론을 생성함으로써 노년기에 홀로 남은 여성 배우자의 경험에 대한 개념적 틀을 마련하였다.

또한 복지적 차원에서는 개인의 개별성에 근거하여 개인의 요구에 적합한 서비스의 제공을 강조하는 추세에 따라 노년기의 생활사건을 직접 경험한 대상자들로부터 얻을 수 있는 근거자료로 연구하는 질적 연구가 필요하다. 본 연구는 이러한 요구변화에 따라서 누구나가 경험하게 되는 노년기의 생활사건인 여성 노인의 배우자 사별을 근거로 한 질적 연구라는 점에서 의의가 있다.

근거이론 방법의 분석적 과정은 연구자가 참여자의 관심에 주안점을 두고 사회적 맥락에서 이러한 관심사를 어떻게 다루는가에 초점을 둔다. 그러므로 근거이론의 요소는 참여자의 일상경험에 대한 서술로부터 유도되기 때문에 그들이 경험세계에 접합한 실체이론은 서술뿐 아니라 설명하고 예측하도록 의도되기 때문에 관련된 결과와 비교 대조가 가능하다. 따라서 본 연구를 바탕으로 정신적 측면, 상담학적 측면, 호스피스 측면에서 노년기 여성의 배우자 사별 후 '홀로 살아갈 길을 찾음'에 대한 과정단계를 응용한 노인복지 중재 프로그램 및 도구개발과 함께 이론과 실무를 연계하는 실천적 노인복지 연구를 위한 기반을 제공하였다는 의의를 가진다.

4) 노인복지 정책 측면

본 연구결과는 여성 노인의 배우자 사별 적응과정에 대한 다양한 정책적 차원의 지원이 필요함을 시사하고 있다. 배우자를 사별한 여성 노인이 삶에 적응하고자 하는 현상의 맥락적 조건은 살아생전 부부의 금실 정도와 주도권으로 부부의 관계에 중요성을 강조하고 있으며 또한 지원체계, 건강 상태, 경제상황 등의 중재적 조건이 슬픔 적응에 영향을 주는 것을 알 수가 있었다. 지원체계가 좋거나 건강 상태가 좋거나 경제상황이 좋을 경우에는 여성 배우자의 홀로 살아갈 길을 찾는 데 안정적이며 빠르게 일상으로 돌아갈 수 있음을 볼 수가 있다. 그럼으로써 홀로 남겨진 노인여성 배우자의 새롭게 달라지는 재정적 악화나 건강상의 악화를 위한 지원 및 제도가 마련되어야 한다.

또한 '홀로 살아갈 길을 찾음'에서 나타난 사별 적응과정단계에서 충격과 감정분출단계, 그리움과 원망단계, 체념과 수용단계, 삶의 재구성단계의 단계별 과정에 맞는 사별관리 정책이 남편이 사별하기 전 환자를 돌보기 시작한 시점부터 시작하여 사별 후 최소한 1년까지는 사별관리를 받을 수 있도록 정책과 절차를 마련하여야 한다.

본 연구에서 나타난 농촌여성 노인의 배우자 사별 적응과정의 유형분석을 통해 운명적 수용형, 현실 적응형, 미래 설계형에 나타난 바와 같이 운명적 수용형은 '홀로 살아갈 길을 찾음'에 소극적이고 시간이 오래 걸리고 울타리가 무너져 내림의 단계가 지속된다. 또한 새로운 질병에 노출이 되거나 질병이 악화가 되는 경우가 생기며 우울증이나 수면제, 알코올에 의존하여 치료를 요하는 취약적인 문제를 발생시켰다. 또한 지역의 특성상 농촌이 생활터전인 대부분의 홀로된 여성 노인들은 경제적, 지리적인 문제 등 잠재적인 문제를 지니고 있어서 자신의 삶을 재구성하는 데 도움이 절실하다. 그러므로 이들을 위한 전문 인력과 전문기관에 의뢰할 수 있는 체계를 구축해야 할 필요가 있다.

노년기 여성의 사별의 문제는 개인의 문제를 넘어서 가족의 문제이며 지역사회 수준의 문제로 확장될 수 있다. 부부는 가족을 이루는 가장 기초단위이며 지역사회를 구성하는 단위가 된다. 그러므로 노년기 여성 배우자 사별의 문제는 곧 지역사회의 문제로 고스란히 나타난다. 따라서 사별교육과 지지적인 서비스를 지역사회에 광범위하게 제공하여 노년기에 누구나가 자연스럽게 접할 수 있도록 정책적 지원과 제도적인 장치가 마련되어야 한다.

VI

결론 및 제언

본 연구는 농촌여성 노인의 배우자 사별과정을 겪는 경험을 분석하고 설명함으로써 실체이론을 개발하고자 실시하였다. 본 연구의 질문은 '배우자를 사별한 여성 노인의 경험은 어떠한가?'로 Strauss & Corbin(1998)이 제시한 근거이론 방법을 적용하여 수행되었다.

　본 연구 참여에 동의한 14명의 참여자들은 만성적인 질환을 앓아왔거나 혹은 갑작스러운 사망으로 배우자를 사별한 65세 이상으로, 부부세대로 살다가 배우자가 사망 후 1세대 가구주로 홀로 사는 여성 노인으로서, 이들은 모두 농촌에서 살고 있었으며 참여자들은 농업에 종사하였다. 참여자는 사별기간이 12개월 미만자로 하였으며 1~3회에 걸쳐 심층면담과 관찰을 통하여 자료를 수집하였다. 면담기간은 2010년 1월부터 8월까지 약 8개월 동안이었다. 면담 시 내용은 녹음하였으며 동시에 참여자의 태도를 관찰 기록하였다. 녹음된 내용은 연구자가 필사 후 수차례 반복하여 정독 및 분석을 하고 지속적으로 비교하였다. 개방코딩, 축코딩 그리고 선택코딩 과정을 통하여 80개의 개념과 28개의 하위범주, 12개의 범주가 도출되었다.

　본 연구에서 나타난 농촌여성 노인의 배우자를 사별한 슬픔경험에 대한 인과적인 상황은 '울타리가 무너져 내림'이었으며, 중심현상은 '홀로 여생을 감당해 나감'이었고 이 현상에 영향을 미치는 맥락적 관계는 '살아생전 부부의 금실 정도'와 '살아생전 부부의 주도권'이 었다. 이런 현상 속에 작용/상호작용 전략을 촉진시키거나 억제하는 방향으로 작용하는 중재적 상황은 '지원체계', '건강 상태가 달라짐', '경제상황 정도'였다. 그리고 작용/상호작용 전략은 '상황 끌어안기', '생활의 변화를 시도함'이었으며 그 결과는 '운명적 수용', '현실에 적응함', '미래를 다시 설계함'으로 나타났다. 배우자를 잃은 농촌여성 노인들의 경험과정의 핵심범주는 '홀로 살아갈 길을 찾음'이며 이 과정은 시간의 흐름에 따라 충격과 감정분출단계, 그리움과 원망단계, 체념과 수용단계, 삶의 재구성단계를 지나는 것으로 나타났다.

핵심범주를 중심으로 인과적 상황, 맥락적 관계, 상호/작용전략, 결과의 속성 사이에 있는 3개의 가설적 관계 진술문을 전개하였다. 이러한 가설적 관계 진술문을 근거로 지속적으로 비교하여 보면서 범주 간에 반복적으로 나타나는 관계를 확인한 결과 3가지 유형이 나타났다. 이 유형들은 비록 배우자 사별로 인한 울타리가 무너져 내림의 정도가 낮은 이들은 살아생전 부부의 금실 정도가 나쁘고, 지원체제가 부족하고 경제 상태와 건강 상태가 나쁘며, 홀로 여생을 감당해 나감의 정도가 작았다. 이들은 생활의 변화를 시도하는 데 소극적이어서 홀로 살아갈 길을 찾음에 동기수준이 낮고 행동수준 또한 낮아 이들은 '운명적 수용형'의 특성을 보였다. 울타리가 무너져 내림 정도가 보통이며 살아생전 부부의 금실 정도가 보통인 사람은 지원체계가 많고, 건강 상태나 경제상황 정도가 보통이었고 참여자는 홀로 살아갈 길을 찾음에 동기수준은 높으나 행동수준이 소극적이었으며 이들은 '현실 적응형'으로 나타났다. 살아생전 부부의 금실 정도가 높은 참여자는 울타리가 무너져 내림의 정도가 컸다. 이들은 홀로 여생을 감당해 나감의 정도가 크다. 이들은 지원체계가 많고 건강 상태가 좋아지며 경제 상태가 좋아서 홀로 살아갈 길을 찾음에 동기수준이 높고, 행동수준 또한 적극적이어서 '미래 설계형'의 유형을 나타냈다.

본 연구의 결과로 참여자는 배우자 사별로 울타리가 무너져 내림을 경험하면서 정서적, 사회적, 영적인 슬픔을 경험하게 되었으며 이들의 슬픔의 정도는 살아생전의 부부금실의 정도에 영향을 받았다. 이들 참여자는 홀로 여생을 감당해 나감에 도전하게 되는데 이들에게 지원체계와 건강 상태, 경제 상태는 사별 적응과정에 중대한 변수 작용을 하였다. 참여자들은 자신이 처한 상황을 받아들이고 생활의 변화를 시도하면서 미래를 다시 설계하기를 계획한다. 이들 참여자는 건강을 지켜 내면서 홀로 살기 위한 방법을 모색해 나가면서 외부활동에 도전함으로 홀로 살아갈 길을 찾았다.

이상의 결과를 토대로 다음과 같은 제언을 하고자 한다.

첫째, 본 연구에서 밝혀진 농촌여성 노인의 배우자 사별경험의 과정에서 농촌여성 노인은 건강 변화를 경험하였다. 특히 정서적인 측면을 제고할 때 여성 노인의 건강의 특성과 건강 변화에 따른 측면을 보완해 줄 수 있는 중재적인 프로그램 및 전문기관의 연계가 필요하다.

둘째, 본 연구에서 농촌여성 노인의 배우자 사별 중재적 조건으로 지원체계와 건강 상태, 경제상황이 중요한 변수임으로 이들을 돕기 위한 생활보호대책, 민간단체의 도움, 노인여성개발프로그램 등 최신 정보를 파악함으로써 정보 제공자로서의 역할을 확대할 필요가 있다.

셋째, 배우자를 사별한 농촌여성 노인이 홀로 살기 위해서는 정서적인 지지와 공감적 상담이 필요하다. 특히 사별 초기인 충격과 감정 분출단계에는 충분한 정서적 공감이 이루어져야 하며 그리움과 원망 단계에서는 적절한 지지 및 상담이 필요하며 이들을 위한 세심한 배려가 필요하다. 또한 가족 및 이웃의 지원체계가 필요하므로 가족교육, 사회교육이 필요하다.

넷째, 본 연구대상자는 배우자 사별경험이 있는 노년기 여성으로 사별기간이 12개월 미만을 대상으로 하였으므로 이들을 지속적으로 5년 이상 추적 조사하여 심도 있는 질적 연구가 필요하다. 또한 배우자를 사별한 남성 노인에 대한 연구도 실시하여 남성 노인의 배우자 사별 복지 프로그램개발이 필요하다.

다섯째, 배우자를 사별한 여성 노인의 상호협력을 위해 자조그룹을 형성하거나 또한 배우자를 사별한 여성 노인을 도울 수 있는 프로그램이 개발되어야 한다.

참고문헌

1. 국내논문

강인 · 최혜경(1998), 「여성의 배우자 사별 스트레스 적응과정에서 개인 내적 요인들의 중재적 역할」, 『대한가정학회지』, 36(4), pp.95-107.

구자순(1982), 「한국 여자 미망인」, 『여성연구』, 1(1), pp.109-144.

김기태(1998), 『위기개입론』, 대왕사.

김미혜 · 신경림 · 최혜경 · 강미선(2005), 「한국 노인의 성공적 노후 삶의 유형에 영향을 미치는 요인」, 『한국노년학』, 26(1), pp.91-104.

김명옥(2008), 「사별한 배우자의 불안, 신체증상 및 삶의 질」, 가톨릭대학교 석사학위논문.

김상희(2004), 「성인여성의 배우자 사별체험」, 고신대학교 간호학 박사학위논문.

김선영(1991), 「미망인의 가족 스트레스와 적응과정에 관한 연구 - McCubin의 Doublex ABCX 모델을 중심으로 -」, 연세대학교 대학원 석사학위논문.

김수지 외(1997), 『사랑의 돌봄』, 서울: 수문사.

_____(2001), 『호스피스 총론』, 한국호스피스협회 출판부.

김용태(2000), 『가족치료 이론』, 학지사.

노유자 외 3인(1998), 『호스피스와 죽음』. 현문사.

두현정(2008), 「사별가족의 슬픔 적응경험 - 지역사회 호스피스 간호를 받은 가족을 중심으로 -」, 한양대학교 박사학위논문.

배동석(1991), 「사별과정과 유족에 대한 목회상담연구」, 한신대학교 신학대학원 석사학위논문.

브리태니커 daum 인터넷 사전.

신경림 · 김수지 역(1998), 『근거이론의 이해; 간호학의 질적 연구수행을 위한 방법론』, 안첼름스트라우스, 줄이어트코빈, 한울.

신경림 역(2001), 『질적 간호 연구방법』, 이화여자대학교 출판부.

_____, 『근거이론』, Juliet Corbin, Anselm Strauss 공저, 현문사.

신수진(2005), 「심근경색환자의 회복과정에 관한 근거이론연구」, 이화여자대학교 박사학위논문.

신은주(2001), 「빈곤한 사별여성의 자립지원방안」, 『평택대학교 논문집』, 15(1), pp.1-12.

서정만(1992), 「사별목회상담에 관한 연구」, 한신대학교 신학대학원 석사학위논문.

손의성(2007), 「배우자 사별 노인의 적응에 관한 연구 - 선택 최적화 보상대처 전략의 매개효과와 성별 및 자녀 동거여부의 차이를 중심으로 - 」, 연세대학교 사회복지대학원 박사학위논문.

_____(2007), 「사별 후 혼자 사는 노인 1인 가구의 특성 - 지역별 분포와 사회경제 적 특성, 결정요인을 중심으로 - 」. 『한국 지역사회 생활 과학지』, 18, pp.147-60.

송정선(1997), 「노인의 여가활동이 생활만족도에 미치는 영향」, 계명대학교 교육대학원 석사학위 청구논문.

이미라(2005), 「애도개념개발: 배우자 사별과정을 중심으로」, 연세대학교 대학원 박사학위논문.

이재만(1990), 「사별에 대한 위기상담」, 감리교신학대학 신학대학원 석사학위논문.

이정숙 외(2000), 『정신건강 간호학』. 현문사.

양복순(2002), 「중년여성의 배우자 사별경험에 관한 연구」, 이화여자대학교 대학원 박사학위논문.

전성곤 역(2008), 『인문학으로서의 죽음교육』, 알폰스디켄 저, 인간사랑.

정명숙(2007), 「노년기 삶의 질에 영향을 미치는 요인들」, 『노인복지 연구』, 37, pp.249-274, 한국노인복지학회.

최인섭(1995), 「사별위기 목회상담에 관한 연구」, 건국대학교 대학원 석사학위논문.

정연강(1998), 「미망인의 사별경험」, 『중앙간호논문집』, 2(1), pp.1-16.

최희정(1997), 「배우자 사별로 인한 스트레스 및 사회적 지지가 우울감에 미치는 영향」, 이화여자대학교 대학원 석사학위논문.

통계청 DB(2009), 2009년 성별사망자 통계결과.

_____(2010), 2005년 사망자 통계결과.

_____(2010), 2009년 가구세대별 통계결과.

통계청, 통계정보시스템 http://www.nso.go.kr/

한국질적연구센타(2009), 「근거이론연구방법」, 워크숍.

한혜신(1996), 「사별 노인의 삶의 대처 방안으로서 재혼」, 성신여자대학교 대학원 석사학위논문.

2. 외국논문

Amenta & Bohnet(1986), *Nursing care of the terminally*, Boston: Little brown and company.

American Association of Retired Persons(1988), On Being Alone Washington, D.C.: Author(Available from AARP, 1909 K. Street, N. W., Washington, D.C., 2004).

Atchley, R. C.(1994), "Dying, death, bereavement and widowhood", *Social Forces & Aging*, Wadsworth Publishing Company, pp.339-357.

Archer, J. R.(1999), *The nature of grief; The evolution and psychology of reaction to loss*, London: Routledge.

_____.(1968), "Grief is nature and significance", *psychological bulletin*, 70(6).

Bass, D. M., K., Bowman & L. S. Noelker(1990), "The influence of caregiving and bereavement support on adjusting to an older relative's death", *The Gerontologist*, 31(1), pp.32-42.

Bankoff, E. A.(1983), "Social support and adaptation to widowhood", *Journal of Marriage and Family*, 11, pp.827-839.

Bernstein, L.(1996), *Aging The Health Care Challenge*, F. A. Davis Company. 3rd Ed.

Blieszner, R. & Hatvany, L. E.(1996), "Diversity in the experience of late-life widowhood", *Journal of personal and interpersonal loss*, 1, pp.199-211.

Bowlby, j.(1980), *Attachment and loss, Vol 3: Loss-Sadness and depression*, London: The hogarth press.

Caserta, M. S. & Lund, D.(1993), "Bereavement stress and coping among adults; expectation versus the actual experience", *Omega*, 25(1), pp.33-45.

Carr, D, House, J. S., Kessler, R. C., Nesse, R., Sonnega, J. & Wortman, C.(2000), "Marital Quality and Psychological Adjustment to Widowhood among Older Adults: A Longitudinal Analysis", *Journal of Gerontology*, 55B(4), S197-207.

Chentsova-Dutton, Y., Shucter, S., Hutchin, S., Strause, L., Burns, K., Dunn, L., Miller, M., Zisook, S.(2002), "Depression and grief reactions in hospice caregivers; from pre-death to 1year afterwards", *J. Affect Disord*, 69(1-3), pp.53-60.

Corbin, J. M.(2004), 『Corbin의 근거이론: 질적 연구 분석 워크숍 자료집』. 서울: 한국 질적연구센터.

Corbin, J. M. & Strauss, A.(1988), *Unending Work and care*, San francisco: Josey-Bass.

Cooley, M, L.(1992), "Bereavement care: A role for nursing", *Cancer Nursing*, 15(2), pp.125-129.

Christ, G., Bonanno, G., Malkinson, R. & Rubin, S.(2003), "Bereavement experiences after the death of a child", In Institute of Medicine. M. Field & R. Behrman(Eds.), *When children die; improving palliative and end of life for children and th eir families*, pp.553-579, Washington, D.C.: National Academy press.

Donnell J.(1997), "Bereavement Care", In Donnell, J., Maddocks, I., Price, S., Carr, P.(Eds.), *Psychosocial Aspects of Death and Dying*, Adelaide: The Flinders University of South Austalia, pp.80-108.

Duffy, K. Ferguson, C., Watson, H.(1997), "Date collecting in grounded theory-some practical issues", *Nurse Researcher*, 11(4), pp.67-78.

Dunlop, R. J. & Hockley J. M.(1990), *Terminal Care Support teams*, Oxford, England: Oxford University Press.

Duvall. E. M.(1997), *Marriage and Family development*, New york Lippincott Harper and Row Publisher.

Engel, G. L.(1962), *Psychological development in health*.

Freud, S.(1957), Mourning abd melancholia, Ed. by J. Strachey, In Standard edition of the complete original works of Sigmund Freud, pp.152-170.

Gillbar, O., Ben-Zur, H.(2002), "Bereavement of spouse caregivers of cancer patients", *Am J Orthopsychiatry*, 72(3), pp.422-432.

Heinemann, Gloria and Evans, Patricia.(1990), "Widowhood; loss, Change and adaptation", in T. Brubaker(Ed.), *family Relationships in later life*, pp.142-167, Beverly Hills, CA: Sage.

Jongsma, A., Peterso, M.(1995), *The Complete Psychotherapy Treatment Planner*, John Wiley & Sons, Inc.

Kalish, R. A(1987), *Death, Grief and Caring Relationships*(23d Ed.) Monterey California, Brooks/Cole.

Kato, P. M., Mann, T.(1999), "A synthesis of psychological intervention for the bereaved", *Clin Psychol Rev.,* 19(3), pp.275-96.

Kissane D.(2004), "Bereavement", In Doyle, D., Hanks, G., Cherny, N. I., Calman, K. S.(Eds.), *Oxford Textbook of Palliative Medicine*, Oxford New York: Oxford University Press, pp.1137-1151.

Klass, D., Silverman, R. P. & Nickman, L. S.(1996), *Continuing bonds; New understanding for grief*, Washington: Taylor & Francis.

Kolf, J. C.(1999), *How Can I Help-How to Support Someone Who is Grieving*, Tucson: Fisher Books.

KÜbler-Ross, E.(1996), *On Death and Daying*, New York: The MacMillian Company.

Laditka, J. N., Laditka, S. B.(2003), "Increased hospitalization risk for recently widowed older women and protective effects of social contacts", *J. Women Aging*, 15(2-3), pp.7-28.

Lawrenz, M., Green, D.(노유자 · 김영남 역)(2000), 『슬픔을 넘어서』, 서울: 현문사.

Lehman. D. R., Wortman, C. B. & Williamns, A. F.(1987), "Long-term effects of losing a spouse or child in a motor vehicle crash", *Journal of Lieberman*.

M. A. & Peskin, H.(1992), "Adult Life Crisis", In ed. J. E. Birren, R. B. Sloane, and G. D. Cohen, *Handbook of Mental Health and Aging*, 2nded, pp.119-143, San Diago: Academic Press.

Lindemann, E.(1994), "Symptomatology and Management of Acute Grief", *American Journal of Psychiatry*, 101, pp.141-148.

Lehman. D. R., Wortman, C. B. & Williamns, A. F.(1987), "Long-term effects of losing a spouse or child in a motor vehicle crash", *Journal of Personality and Social Psychology*, 52(1), pp.218-231.

Lopata, H. Z.(1993), "The Support Systems of American Urban Widows", In stroebe. M., Stroebe, W. & Habaaon, R. O.(Eds). *Handbook of bereavement: Theory, Research and intervention*, pp.381-396.

Lopata, H. Z.(1996), *Current widowhood; myths & realities*, London, SAGE Publication.

Lund, D. A., Caserta, M. S. & Diamond, M. F.(1986), "Gender differences through two years of bereavement among the elderly", *The Gerontologist*, 26, pp.314-320.

Lund, D. A.(1993), "Widowhood; The coping resource", in Kastenbaum, R.(Ed.), *Encyclopedia of adult development*, Phoenix: Oryx, pp.537-541.

Marwit, J. S. & Klass, D.(1996), *Grief and the role of the inner representation of the Deceased*, in Klass, D., Silverman, R. P.

McCann, T. V. & Clark, E.(2003), "Grounded theory in nursing research; part 1-methodology", *Nurse researcher*, 11(2), pp.7-18.

_____.(2003), "Grounded theory in nursing research; part 2-critique", *Nurse researcher*, 11(2), pp.29-39.

_____.(2003), "Graunded theory in nursing research; part 3-application", *Nurse researcher*, 11(2), pp.7-18.

Miller, J., Jansosik, E.(1980), *Family-Focused Care*, McGraw-Hill Book Company, pp.236-241.

Mok, E., Chan, F., Chan, V., Yeung, E.(2003), "Family experience caring for terminally ill patients with cancer in hong kong", *Cancer nursing*, 26(4), pp.267-275.

Morse, J. M.(1997), "Considering theory derived from qualitative research", In J. M. Morse(Ed.), *Completing a qualitative project; Details and dialogue*, pp.163-188. Newbury Park, CA: Sage.

_____.(2001), "The cultural sensitivity of grounded theory", *Qualitative Health Research*, 11(6), pp.721-722.

_____.(2004), "Constructing qualitatively derived theory; Concept construction and concept thypologies", *Qualitative Health Research*, 14(10), pp.1387-1395.

_____.(2005), *Ethnography and issues in mixed qualitative research method design*, 서울: 한국질적연구센터.

Murry, C. I.(1994), "Death, dying, and bereavement", In McKenry, P. C. & Price, S.(ed.), *Families and change coping with stressful events*, SAGE publications.

Murray M. Mayo(2003), "Grief and Bereavement Issues in Hospice/Palliative Care", In *Hospice and palliative Care*, 2nd ed. Sadbury Messachusetts; Jones and Bartlett Publishers, pp.209-220.

Norris, F. H. & Murrel, S. A.(1990), "Social support, life events, and stress as Modifiers of adjustment to bereavement by older adults", *Journal of psychology and aging*, 5(3), 429-436.

O'Bryant, Shirley and Hasson, Robert(1995), "Widowhood", In Bliezner, R. and Hilkevitch, V. bedford(Eds.), Handbook of aging and the family, Westport, CT: Greenwood Press, pp.440-458.

Ott, C. H.(2003), "The impact of complicated grief on mental and physical health at various points in the bereavement process", *Death Stud*, 27, pp.249-72.

Parkes, C. M.(1993), "Bereavement as a Psychosocial Transition; processes of adaptation to change", In M. S. Stroebe & R. O. Hansson(Eds.), *Handbook of bereavement; Theory, Research and Intervention*, New York: Cambridge University Press, pp.23-43.

Parkes, C. M.(1972), *Bereavement: Studies of grief in adult life*, International University Press.

_____.(1997), "Bereavement: What most people should know", In Morgan, J. D.(Ed.), *Readings in Thanatology*, Amityville; Baywood Publishing Company. p.242.

_____.(1998), Loss and Recovery, J. of Social Issue, 44(3), pp.53-65.

_____.(2001), "Bereavement", In: Doyle, D., Hanks, G., Cherny, N. I., Calman, K. S.(Eds.), *Oxford Textbook of Palliative Medicine*, Oxford New York: Oxford University Press, pp.995-1010.

Quadagno, Jill(2002), *Aging and the life course; An introduction to social gerontology*, New york: The McGraw-Hill companies, 375.

Quan, J., Wadsworth, M.(2000), "Bereavement support; The occupational health nurse's role when death comes to work", *AAOHN J.*, 48(10), pp.461-469.

Quandt, S. A., McDonald, J., Arcury, T. A., Bell, R. A., Vitolins, Mz.(2000), "Nutritional self-management of elderly widows in rural communities", *Gerontologist*, 40(1), pp.86-96.

Rando, T. A.(1993), *Treatment of complicated mourning*, Champaign: Research Press.

Raphael, B., Nunn, K.(1998), "Counseling the Bereaved", *Journal of Social Issues*, 44(3), pp.191-206.

Riches, G. & Dawson, P.(2000), *An intimate Loneliness-supporting Bereaved parents and Siblings*, Buckingham: Open University Press.

Rosenbalt, P.(1988), "Grief: The Social Context of Private Feeling", *Journal of Social Issue*, 44(3), 67-68.

Sanders, C. M.(1993), "Risk Factors in Bereavement Outcome", In M. S. Strobe and R. O. Hasson(Eds.), *Handbook of Bereavement; Theory, Research and intervention*, New York: Cambridge University Press, pp.23-43.

Shives, L.(1998), *Basic Concepts of Psychiatric-Mental Health Nursing*, Lippincott.

Staudacher, C.(1987), *Beyond Grief-A Guide for Recovering for the Health of a Loved One*, Oakland: New Harbinger Publications.

Stroebe, M., Stroebe, W., Hansson, R.(1987), "The society for the psychological study of social issue. Bereavement on mental health in the elderly", *Psychology and aging*, 6(1), pp.67-75.

Stroebe, M. & Schut, H.(1999), "The dual process model of coping with bereavement; Rationale and description", *Death Studies*, 23.

_____.(2002), "The Dual Process Model of Coping with Bereavement: Rationale and description", In M. S. Stroebe, R. O. Hansson, W. Stroebe & H. Schut. *Handbook of Bereavement Research: Consequences, Coping and Care*. Washington, D.C.: American Psychological Association, pp.375-403.

Stroebe, M. S., Hansson, R. O., Stroebe, W., Schut editors H.(2004), *Handbook of Bereavement Research; Consequences, Coping and Care*, Washington D.C.: American Psychological.

Thompson, C.(1999), "Qualitative research into nurse decision making: factors for consideration in theoretical sampling", *Qualitative Health Research*, 9(6), pp.815-828.

Thompson, L. W., Gallagher-Thompson, D., Futterman, A., Gilewiski, M. J. & Peterson, J.(1991), "The Effects of Late-Life Spousal Bereavement over a 30 Month Interval",

Psychology and Aging, 6, pp.634-441.

_____., Breckenride, J. N., Gallager, D. & Peterson, J. A.(1984), "Effects of bereavement on elderly widow and widowers", *Journal of Gerontology*, 39, pp.309-314.

Thumboo, J., Fong, K. Y., Machin, D., Chan, S. P., Soh, C. H., Leong, K. H., Feng, P. H., Thio, S., Boey, M. L.(2003), "Quality of life in an urban Asian population; the impact of ethnicity and socio-economic status", *Soc Sci Med*, 56(8), pp.1761-72.

Victoria Hospice Society(1993). *Medical Care of the Dying*, 2nd ed. Victoria, British Columbia: Victoria Hospice Society.

Walter, B., Forman, Judith, A., Kitzes, Robert, P., Anderson, Denice kopchak Sheehan(2003). *Hospice and Palliative Care-Concept and practice*, Jones and Bartlett Publishers, Sudbury, Massachusetts.

Walton, J.(1999), *Spirituality of patients recovering from an acute myocardial infarction*.

Weiss, Robert, S.(1988), "Loss and Recovery", *J. of Social Issue*, 44(3), pp.37-52.

William, I. M.(1978), "The delivery of quality nursing care; A grounded theory study of the nurse's perspective", *Journal of advanced nursing*, 27(4), pp.808-816.

Wimpenny, P. & Gass, J.(2000), "Interviewing in phenomenology and grounded theory: is there a difference?", *Journal of Advanced Nursing*, 31(6), pp.1485-1492.

Wolfelt, A. D.(1988), *Death and Grief-A Guide for Clergy*, Accelerated Development Inc.

Worden, J. W.(1991), *Grief counseling and Grief Therapy; a Handbook for mental health practitioner*, 2nd, New York; Springer publishing company.

Wortman, C. B., 7 Silver, R. C.(1989), "The myths of coping with loss", *Psychiatry*, 54, pp.320-332.

Zimmerman, Jack(1986), *Hospice-Complete care for the termainally III*, Urban & Schwarzenberg, Baltimore.

Zisook, S. & Shuchter, S. R.(1991), "Early Psychological Reaction to the Stress of Widowhood", *Psychiatry*, 17, pp.37-49.

Zisook, S., Paulus, M., Shuchter, S. R., Judd, L. L.(1997), "The many faces of depression following spousal bereavement", *J. Affect Disord*, 45(1-2), pp.85-94.

〈부록 1〉 연구동의서

연구 참여 동의서

연구주제: 농촌여성 노인의 배우자 사별 후 적응과정
연구자: 장희선(연락처: 010-○○○○-○○○○).
소 속: 한서대학교 대학원 노인복지학과

먼저 본 연구에 기꺼이 참여를 허락해 주신 어르신께 감사한 마음 전합니다. 본 연구는 부부가 함께 살아가다가 배우자가 사별 후 적응과정에 대한 면담을 오늘부터 어르신의 경험을 제가 충분히 이해할 때까지 진행될 예정인데, 매회 2시간 이내로 면담을 진행할 예정이며 어르신께서 결정하신 대로 가장 편안한 시간과 장소에서 이루어질 것입니다. 이야기 도중 또는 연구가 진행되는 중에도 불편하셔서 면담에 응하기 어려우시면 언제든지 중단하실 수 있습니다.
인터뷰 내용은 녹음될 것이고 녹음된 내용은 어르신 동의 없이 연구 목적 외에 다른 용도로 사용되지 않을 것임을 약속드립니다.
어르신과의 좀 더 신뢰할 수 있는 면담을 위해 몇 가지 동의를 요청 드립니다. 아래 내용에 만약 동의하시면 (예)에, 동의하지 않으면 (아니요)에 표시를 해 주십시오.

1. 나는 나의 배우자 사별 후 경험을 자발적으로 나누는 데 동의합니다.
(예), (아니요)

2. 나는 연구자가 필요한 경우 내 이야기를 녹음하는 것에 동의합니다.
(예), (아니요)

2010. 월 일

참여자: ○○○
날짜: ○○년 ○○월 ○○일

〈부록 2〉 연구자를 위한 인터뷰용 체크리스트

인터뷰 준비		인터뷰 중
☐ Destination ☐ Date ☐ Interview time	☐ 첫 방문은 참여자의 정보를 알려 준 간호사와 함께 방문함 ☐ 약속시간 10분 전에 도착함 ☐ 선물 혹은 혈압계 등 물품 지참함	☐ 인터뷰 목적에 대하여 대상자에게 설명함 ☐ 대상자 선정과정이 어떻게 이루어졌는지에 대하여 다시 설명함 ☐ 기대되는 것이 무엇인지 설명 ☐ 언제든지 인터뷰를 거절할 수 있다는 것을 설명함 ☐ 가능한 한 대상자를 적극 도울 것을 약속함
☐ Voice recorder ☐ mice ☐ field note ☐ 시계 ☐ 볼펜 ☐ 혈압계 ☐ 연구 참여 동의서 ☐ 인터뷰 대상자 정보 기록지 ☐ 인터뷰 질문 목록	☐ voice recorder 기기에 인터뷰 대상자 개인별 폴더 만들기 ☐ Field note ☐ 휴대전화 전원 끄기	
인터뷰 장소 준비(대상자 집을 방문함)		인터뷰 정리 시
☐ 대상자 의견 수렴 음성녹음 위해 비교적 조용한 환경 확보		☐ 다음 인터뷰 날짜 정하기 ☐ 대상자 기분 정서 파악하기

장희선 ────────────────────────────────

동남보건대학 간호과 전문학사 졸업
한국방송통신대학교 간호학과 학사 졸업
한서대학교 노인복지학과 석사 졸업
한서대학교 노인복지학과 박사 졸업(문학박사)
가정전문간호사/정신보건전문요원/평생교육사/사회복지사/
가족상담사/(사)한국교류분석협회 상담전문가(KTAA)
한국교류분석상담학회 상담전문가 및 충남지부장
한서대학교, 고구려대학, 태안평생교육원 등 외래강사
당진시 보건소 근무

「농촌지역－조부모 손자녀 가족 조부모의 손자녀 양육에 관한 연구」
「도서지역여성 독거노인의 신체적 건강, 경제상태, 사회적 관계의 실태에 관한 연구」
「농촌여성 노인의 배우자 사별 적응과정」

농촌여성 노인의
배우자 사별
적응과정

초 판 인 쇄 | 2012년 08월 20일
초 판 발 행 | 2012년 08월 20일

지 은 이 | 장희선
펴 낸 이 | 채종준
펴 낸 곳 | 한국학술정보㈜
주   소 | 경기도 파주시 문발동 파주출판문화정보산업단지 513-5
전   화 | 031) 908-3181(대표)
팩   스 | 031) 908-3189
홈 페 이 지 | http://ebook.kstudy.com
E - m a i l | 출판사업부 publish@kstudy.com
등   록 | 제일산-115호(2000. 6. 19)

ISBN   978-89-268-3680-4-93330 (Paper Book)
          978-89-268-3681-1-95330 (e-Book)

내일을여는지식 은 시대와 시대의 지식을 이어 갑니다.